|博物馆创新力丛书|

新锐对话

博物馆策展与中外文化交流

张晓剑　折彦龙　陈刚　主编

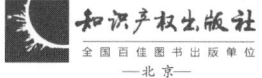

知识产权出版社
全国百佳图书出版单位
—北京—

图书在版编目（CIP）数据

新锐对话：博物馆策展与中外文化交流 / 张晓剑，折彦龙，陈刚主编. --北京：知识产权出版社，2025.7. -- ISBN 978-7-5245-0016-2

Ⅰ．G265-53；G125-53

中国国家版本馆 CIP 数据核字第 2025C2S615 号

内容提要

本书汇集了多家博物馆的研究成果，集中展现了文博机构的实践探索与思考。研究视角多元，内容深入，既展现了中国城市博物馆的发展成果，也反映了文化产业研究的前沿进展。本书不仅是对博物馆文化创新成果的集中展示，更是对中华文化传承与创新的生动诠释。读者可从中汲取各地博物馆的实践经验，深化对博物馆社会职能的理解，助力文化产业繁荣发展。

本书适合文化产业工作者阅读。

责任编辑：李　婧　　　　　　　责任印制：刘译文

博物馆创新力丛书

新锐对话——博物馆策展与中外文化交流
XINRUI DUIHUA——BOWUGUAN CEZHAN YU ZHONGWAI WENHUA JIAOLIU

张晓剑　折彦龙　陈刚　主编

出版发行：知识产权出版社 有限责任公司		网　　址：http://www.ipph.cn	
电　　话：010－82004826		http://www.laichushu.com	
社　　址：北京市海淀区气象路 50 号院		邮　　编：100081	
责编电话：010－82000860 转 8594		责编邮箱：laichushu@cnipr.com	
发行电话：010－82000860 转 8101		发行传真：010－82000893	
印　　刷：天津嘉恒印务有限公司		经　　销：新华书店、各大网上书店及相关专业书店	
开　　本：720mm×1000mm　1/16		印　　张：15.25	
版　　次：2025 年 7 月第 1 版		印　　次：2025 年 7 月第 1 次印刷	
字　　数：250 千字		定　　价：85.00 元	
ISBN 978-7-5245-0016-2			

出版权专有　侵权必究

如有印装质量问题，本社负责调换。

编辑委员会

主　　编：张晓剑　　折彦龙　　陈　刚
副 主 编：覃　忠　　周梅清
执行编辑：胡章华　　蒙洁慧　　覃　蓓
校　　对：（以姓氏笔画为序）
　　　　　农雨恩　　冯纪丹　　覃筱真　　潘之琳

目 录

·跨文化传播·

城市博物馆开展国际文化交流的思考
——以南宁市博物馆为例 ………………………………… 张晓剑 / 3

跨五洲 讲多元一体中国故事
——以民族文化宫博物馆出境展览为例 …………………… 陶颖 / 18

"实物"的缺席与叙事的在场
——博物馆"无实物"类型展览策划路径研究 …… 陈晨 程浩宇 / 27

浅谈国际交流中的儿童展览
——以中国妇女儿童博物馆为例 …………………………… 李晓哲 / 42

市、县两级博物馆国际交流展览策展实践
——以"邂逅——中德艺术交流展"系列展览为例 ……… 周梅清 / 50

博物馆国际交流路径探讨 ……………………………………… 程丽琦 / 59

新加坡艺术博物馆国际传播策略与启示 ……………………… 梁炜 / 68

浙里风景独好
——浙江省博物馆入境展览述论 ………………… 乐俏俏 朱文晶 / 78

中小型博物馆举办入境展览的路径探索研究 ……………………
……………………… 吴文丽 黄文豪 叶宁玲 黎婕 / 90

博物馆小型外展新模式探索
——以"丝绸与丝路"系列主题展为例 ……………………………
………………………………… 李晋芳 周娅鹃 杨寒淋 / 102

洛阳博物馆国际交流实践
　　——以展览为例 ·· 李雅菲 / 115
中外中小型博物馆展览策划与实施对比研究 ················ 安娜 / 121
革命博物馆跨文化传播研究
　　——以中国人民抗日战争纪念馆对外交流实践为例 ········ 王业鑫 / 129
中小博物馆的跨文化交流实践
　　——以"武汉上空的鹰——纪念苏联空军志愿队特展"为例 ··· 卢奕 / 139
"一带一路"视域下"长安有故里"策展实践 ················ 卢颖 / 148
城市内外
　　——作为接触地带的区域美术馆及其跨文化交流 ············ 夏梓 / 154
国际展览的策划
　　——以国家大剧院穆夏展为例 ································ 孙媛媛 / 162
跨文化交流视野下的中小型博物馆办展路径探究 ············ 陈宽 / 172

· 地方性实践 ·

中小型博物馆智慧化展示初探
　　——以楚雄彝族自治州博物馆为例 ···························· 吴东 / 181
"以小见大"：专题博物馆策展研究
　　——以南京城墙为例 ·· 杨欢 / 190
博物馆当代书画临时展览微创新刍议
　　——以"勠力前行——正立社首届水彩作品展"为例 ··········
　　·· 卢敏生　廖小龙 / 199
广西古代铜鼓文化数字化陈列策展实践与思考 ············ 李欣妍 / 208
基于红色精神表达的革命纪念馆策展分析
　　——以渡江战役纪念馆为例 ···································· 王高 / 221
诗词在村史馆展陈设计中的应用 ·············· 范颖轩　曾小云 / 227

跨文化传播

城市博物馆开展国际文化交流的思考
——以南宁市博物馆为例

南宁市博物馆　张晓剑　副研究馆员

耗散结构理论认为，人类社会是自组织的系统，各种文化都应在保持开放的状态，通过与其他文化的兼容并蓄、交汇融合，促成物质、能量和信息的交换，从而激发文化活力，促进共同繁荣。

在全球化的浪潮下，中国开放的步伐越迈越大，博物馆作为进行文化叙事的重要场域，开展国际文化交流的力度也越来越大，取得了丰硕的成果。然而，国内博物馆开展国际文化交流以国家级和省级博物馆的馆际交流为主，城市博物馆的相关实践还是比较缺乏。不少城市博物馆对进行国际交流的价值和意义认识不足，特别是在经济发展水平相对滞后的地区，对国际交流的目标、定位和有效路径缺乏系统性思考，在交流资源和交流渠道上待拓展的空间较大。

南宁市博物馆在开放之初就提出了"生长的博物馆"的理念，通过8年的持续实践，在国际文化交流与合作上进行了一系列有益的尝试，积累了一些这方面工作的宝贵经验。对这些宝贵经验进行梳理和总结，既可以为南宁市博物馆进一步深化对外交流与合作夯实基础、拓宽道路，又可以为其他城市博物馆开展此类工作提供有益的借鉴。

一、南宁市博物馆开展国际文化交流的现状

(一) 展览交流

毋庸置疑，国内博物馆进行对外交流最普遍、最直接的方式就是展览交流。南宁市博物馆充分与政府、企业和社会机构合作，探索展览交流的新路子，2016年—2025年1月先后举办了有关18个国家历史文化的20个展览（见表1）。

表1 南宁市涉外展览

序号	展览名称	时间	地点	合作单位/机构
1	相交无远近 万里尚为邻 ——南宁国际友好交往礼品展	2016年9月	南宁市博物馆	南宁市外事办公室
2	高棉的微笑 ——中国艺术家摄影绘画展	2017年1月	南宁市博物馆	广西国际文化交流中心、柬埔寨王国驻南宁总领事馆、南宁市外事侨务办公室
3	惟美无界 ——当代朝鲜油画精品展	2017年12月	南宁市博物馆	广西国际文化交流中心、辽宁省国际文化交流中心、今朝美术馆
4	美丽南宁市情展	2017年6月、2018年6月、2019年2月	菲律宾达沃、孔敬市中泰博物馆、澳大利亚班达伯格	南宁市外事办公室
5	壮美南宁	2019年1月	孔敬市中泰博物馆	南宁市外事办公室
6	泰之美 ——泰国风情展	2019年3月	南宁市博物馆	泰国国家旅游局昆明办事处、广西国际文化交流中心、南宁市人民对外友好协会

续表

序号	展览名称	时间	地点	合作单位/机构
7	惟美无界 ——当代朝鲜美术精品展	2019年12月	南宁市博物馆	广西国际文化交流中心、辽宁省国际文化交流中心、今朝美术馆
8	梵花缅甸 ——中国艺术家缅甸风情风光摄影展	2019年1月、2019年3月	南宁市博物馆、三亚CGE国际交流中心	缅甸联邦共和国驻南宁总领事馆、中金鹰和平发展基金会、广西国际文化交流中心
9	"一带一路"艺术行 ——俄罗斯油画名家南宁邀请展	2019年9月	南宁市博物馆	俄罗斯列宾美院、雅巽文化艺术发展有限公司
10	第十三届中国—东盟青年艺术品（摄影）创作大赛获奖作品展	2019年9月	南宁市博物馆	共青团广西壮族自治区委员会、广西壮族自治区文化和旅游厅、广西国际博览事务局、广西壮族自治区青年联合会
11	丝路·家园 ——馆藏当代书画精品展	2022年5月	南宁市博物馆	—
12	意象 ——中国西南少数民族服饰审美及其当代重塑	2023年1月	南宁市博物馆	意大利吉安卡洛·摩西·波雷拉（Giancarlo Mossi Borella）工作室、广西壮锦博物馆
13	邂逅八千里 ——中德艺术交流展	2023年5月	南宁市博物馆	欧盟广西总商会、南宁市人民对外友好协会
14	际遇·无极 ——俄罗斯列宾美院师生油画雕塑展	2023年7月	南宁市博物馆	雅巽文化艺术发展公司
15	邂逅Ⅱ ——中德艺术交流展	2024年5月	南宁市博物馆	欧盟广西总商会、南宁市人民对外友好协会
16	叙说 ——叙利亚古代文物精品展	2024年5月	南宁市博物馆	中国文物交流中心

续表

序号	展览名称	时间	地点	合作单位/机构
17	怀袖雅物　东风徐来——清代外销扇精品展	2024年8月	南宁市博物馆	随州华夏博物馆
18	邂逅八千里——中德艺术交流回顾展	2024年9月	柏林F200美术馆	欧盟广西商会、德国柏林F200美术馆
19	马尔古诺娃·内林加·阿纳托利耶夫油画作品展	2024年10月	南宁市博物馆	雅巽文化艺术发展公司
20	竞妍——中国伊万里风格瓷器展	2025年1月	南宁市博物馆	东莞展览馆

（二）学术研讨

对于城市博物馆来说，对外学术交流面临的困难要比国际展览交流少得多，通过充分发掘地方文化资源甚至可以获得一些独特的优势。南宁市博物馆充分利用地方历史、自治区区首府和中国—东盟自由贸易区博览会永久举办地等城市特色文化资源，积极在东盟国家、国际友城，以及国外社会组织、大学和博物馆等层面开展学术交流。

2016—2024年，先后在馆内召开"国际友城博物馆对话'一带一路'——博物馆与地方文化叙事研讨会""展览与考古学研究座谈会""邂逅Ⅱ——跨文化艺术合作模式探索学术研讨会""新锐对话——博物馆策展与中外文化交流"等8次学术研讨活动；分别与老挝国家博物馆、缅甸国家博物馆、韩国国立中央博物馆、老挝国立大学、波兰格鲁琼兹博物馆、泰国孔敬市博物馆、柏林艺术家协会、法国人类学博物馆、巴黎笛卡尔大学、斯特拉斯堡大学、俄罗斯国家艺术学院博物馆、俄罗斯伊兹博斯克博物馆等境外馆校和社会组织开展了学术互访与研讨合作。

南宁市博物馆拥有一支年轻的团队，馆内同事大多数在40岁以下，丰富的国际学术交流和合作既有助于团队成员开拓视野，提高业务能力，他们也在交流过程中越来越自信，各种交流活动推动了博物馆研究、展示、收藏、教育等功能的非线性实践。

（三）文化活动

传统博物馆重视自身的专业性，展览和学术交流能够体现博物馆专业化能力，也就成为对外交流的主要方式。但是，现代意义的博物馆是在文艺复兴和启蒙运动中孕育而生的，公共性是博物馆的基本属性，这就需要通过更为多元的途径来将对外交流从双方互动拓展到多方对话，从专业性合作延伸到社会性参与，承担起博物馆的社会责任和文化使命。

南宁市博物馆自新馆开馆以来的8年间，一直注重与社区民众建立多元化的沟通交流机制，参加和举办了中外文化交流活动80多场。这些文化活动的主题多种多样，有教育研学、音乐会、诗歌朗诵会、书籍出版发布、国际微论坛、网络直播、节庆和艺术涂鸦等；活动的参与主体多元化，包括博物馆、学校、艺术家、企业、社会组织、社区民众，以及政府和使领馆的官员等，他们在不同的活动中进行对话交流；文化活动还突破了空间的限制，不仅在馆内经常开展系列的对外交流活动，我们还尝试在国内外大学、国外博物馆（美术馆）、文化中心、商贸中心和餐厅，甚至是街头舞台参与和举办活动（见表2）。

表2　南宁市博物馆的涉外文化交流活动（部分）

序号	活动	时间	地点	合作单位与机构
1	走进东盟新年音乐会	2018、2019、2020年	南宁市博物馆	广西国际文化交流中心、南宁市外事办公室
2	明月寄诗朗诵会——泰国诗人蔡乐·蓬蒂窝拉卫诗集出版发布活动	2018、2019年	南宁市博物馆	广西国际文化交流中心、泰王国驻南宁总领事馆、南宁市外事办公室
3	澜沧江——湄公河区域青创赛	2018年	老挝国立大学	广西国际文化交流中心、老挝国立大学

续表

序号	活动	时间	地点	合作单位与机构
4	"一带一路"中马文化交流与合作对话会	2018年	南宁市博物馆	广西国际文化交流中心、南宁市外事办公室、马来西亚驻南宁总领事馆
5	"一带一路"中老文化交流对话会	2018年	南宁市博物馆	老挝文化部、老挝国家博物馆、老挝驻南宁总领事馆、南宁市外事办公室
6	缅甸泼水节庆祝活动	2019年	缅甸驻南宁总领事馆	广西国际文化交流中心、缅甸驻南宁总领事馆
7	泰国孔敬市庆祝新年系列文化活动	2019年12月	泰国孔敬市	泰国孔敬市政府
8	CGE自贸微论坛	2019年1月	三亚CGE国际交流中心	缅甸联邦共和国驻南宁总领事馆、中金鹰和平发展基金会、广西国际文化交流中心
9	俄罗斯列宾美院油画名家南宁写生活动	2019年9月	南宁市市区	俄罗斯列宾美院、雅巽文化艺术发展有限公司
10	保时捷艺术涂鸦创作	2023年7月	南宁市博物馆	雅巽文化艺术发展公司
11	"邂逅八千里"中德艺术家创作营	2023年5月	南宁、上林、大新、宁明	欧盟广西总商会、柏林艺术家协会、南宁市人民对外友好协会
12	"邂逅Ⅱ"中德艺术家创作营	2024年4月	南宁、横州、三江	欧盟广西总商会、柏林艺术家协会、南宁市对外友协
13	2024年5·18国际博物馆日"叙说"特展直播宣传活动	2024年5月	南宁市博物馆	中国文物交流中心、央视频、广西广播电视台教育广播私家车930、广西视听

续表

序号	活动	时间	地点	合作单位与机构
14	"叙说——叙利亚古代文明展"系列配套活动	2024年5月—2024年8月	南宁市博物馆	—
15	"邂逅Ⅱ——中德艺术家交流展"系列配套活动	2024年5月—2024年7月	南宁市博物馆	—

（四）藏品的创作与收藏

城市博物馆在进行对外交流时，馆藏征集往往容易被忽视。笔者认为城市博物馆的藏品不应只局限在本土历史的见证物，还应该包括当下本土文化生态的各类物品。博物馆开展国际文化交流实质上也在扩大本土文化开放性，哺育着本土文化的自组织生长，与之相关的各种物证本应在馆藏征集的范围内。

南宁市博物馆在这方面的工作投入得较早，从2018年开始在对外交流当中寻求增加馆藏品。至今我们通过对外交流增加了800余件（套）的藏品，主要有三类途径：一是与外事部门合作，外事部门移交外事礼品600余件（套），驻馆艺术家为政府创作"Twins Well"系列陶艺作品作为外事礼品并入藏等；二是通过举办交流展览，如在"'一带一路'艺术行""邂逅"系列年展、"惟美无界""意象"等展览中征集或接受捐赠，增加了200余件（套）藏品；三是与企业、社会机构合作，邀请艺术家工作室入驻创作、捐赠作品，如与雅巽文化公司合作，在馆内设立国际艺术交流中心，并邀请俄罗斯雕塑家波波夫入驻中心，接受雕塑艺术作品捐赠入藏10余件。

（五）合作机制的建立

我们发现城市博物馆在国际文化交流上主要还是短期性的，缺乏长期合作机制。长期合作机制的建立需要多样的交流内容、稳定参与的社会机构、适当的资金安排等条件。对于城市博物馆来说，如何具备这些条件的确是一直困守"象牙塔"的博物馆人面临的难题。在8年的探索中，南宁市博物馆积极谋划，主动引入社会资源，构建了有效的、长期的国际合作机制，四项主要成果如下。

第一，经过与老挝国家博物馆两年间的多次互访交流，2018年9月的第十五届中国—东盟博览会上与老挝信息文化和旅游部老挝国家博物馆签署了合作备忘录。这是南宁市博物馆第一次与国家级博物馆建立起交流合作机制，虽然在疫情期间两馆的合作交流在线下暂停，但是双方依然保持了畅通的线上联系。

第二，2019年10月笔者与孔敬市市长陈伟坚签署了战略合作备忘录，约定南宁市博物馆与泰国孔敬市教育局、博物馆在展览、社教和文旅开发方面进行合作。同年12月，南宁市博物馆与孔敬市相关部门正式签署了战略合作协议，进一步细化了双方合作的方向和具体内容。

第三，南宁市博物馆与欧盟广西商会经过两年多的持续联系，在2023年开始与其开展合作，每年举办中德艺术家驻场创作交流活动和专题展览。目前，"邂逅"系列活动和展览已经成为南宁市博物馆国际文化交流的品牌，并与柏林艺术家协会建立了联系渠道，初步达成南宁—柏林双向交流合作意向。

第四，2023年南宁市博物馆与雅巽文化公司签订战略合作协议，在馆内共同运营南博国际艺术交流中心，引进俄罗斯列宾美院雕塑家波波夫在南宁博物馆设立工作室，同时加强与俄罗斯列宾美院、普希科夫博物馆、伊斯博斯克博物馆等机构的合作交流。

南宁市博物馆通过这些合作机制，逐步建立起稳固的、相互信任的合作关系网，降低了协作沟通的成本，促进了文化互鉴和资源共享。

二、开展国际文化交流的现实意义

一般认为，国内博物馆开展国际交流与合作是"我国对外文化交流活动的重要手段之一，也是展示国家形象、提高文化软实力的有效手段。积极配合国家外交事务和国际的民间交流活动开展国际交流与合作,举办和参与对外展览活动是我国博物馆的一项重要使命"❶。

这种认识主要是站在宏观叙事的层面来解读博物馆进行国际文化交流的意义。实际上,城市博物馆在开展国际文化交流时,很少像国家级、省级博物馆那样得到政府部门的明确指导,主要是从自身职能出发,自主进行对外交流,而服务于国家战略更多是客观结果。总结这些年开展国际文化交流的经验,笔者认为城市博物馆开展国际交流与合作的意义主要有以下四方面。

第一,城市博物馆在对外交流上往往会立足于城市的文化特点,交流内容和方式更加多元、活泼生动,不同文化之间的交流互鉴更加扎实深入,地方文化的传播和展示更加亲民"走心",在扩大地方文化影响力上更加具体有效。例如,南宁市博物馆与泰国孔敬市进行交流合作时,涉及展览互访、民族织锦比较研究与征集、社会教育和旅游推介等两地文化的诸多内容。这些交流让南宁与孔敬、班达伯格、秋田等国际城市之间搭建起了更为牢固的文化桥梁,让各地民众能够更好地了解不同的文化。

第二,笔者认为博物馆不仅是文化遗产收藏、保管、展示及传播其知识的场所,而且是地方文化叙事的重要空间。南宁市博物馆的多元叙事中记述了城市的文化谱系,并不断反思、定义和重塑着当地的文化,国际文化交流是这个过程中不可或缺的一部分,是加强城市的自组织能力并使之健康发展的必要手段。换言之,国际文化交流有助于我们实现将"摆满小摆设的、死气沉沉的博物馆改造和重建成为培育活生生思想的苗圃"❷的文化目标。此外,城市文化生态当中的商贸合作、文旅产业和民间交往也会

---

❶ 陆建松,韩翊玲.我国博物馆国际交流与合作的现状、问题及其政策思考[J].四川文物,2011(3):89.

❷ 史蒂芬·康恩.博物馆与美国智识生活(1876—1926)[M].王宇田,译.上海:上海三联书店,2010:21.

从博物馆的对外文化交流中获益，促进经济繁荣和社会发展。例如，南宁市博物馆与欧盟广西商会合作举办的"邂逅——中德艺术家交流展"系列展览，在两年时间里不仅促成了广西民族大学、广西艺术学院与柏林艺术家协会的学术交流，还向德国介绍了上林、横州、大新、宁明、三江等地的文旅资源，六堡茶、茉莉花茶、沃柑等产品被推介到欧盟市场。

第三，对外文化交流方面，博物馆在不同文化之间、博物馆之间、博物馆与公众之间搭建了非线性的开放平台，这有助于提升博物馆的专业能力，完成博物馆肩负的文化使命。开展国际交流本质上是博物馆的社会化实践，由此出现的认同与分歧、合作与争论、冲突与融合都会激发博物馆承担本地文化使命和社会责任的自觉，不断刺激博物馆批判性继承文化传统、提炼文化内涵、创生文化活力，对于城市博物馆自身功能的完善和拓展有着积极的、正面的影响。

第四，博物馆通过对外交流举办的展览与文化活动，为公众提供了更为优质的公共文化服务，从而吸引了更多公众参与到博物馆的文化叙事当中。当今的博物馆中，常设展类似于影视剧、文学作品，观众通常不会反复参观，多数城市博物馆的观众是市民，难以依赖常设展来保持观众黏性。因此，临展（特展）和文化活动已经成为当下吸引公众常态化参观博物馆的主要手段，而国际交流的临展和文化活动在抓住观众方面有着独特的魅力。

三、存在的问题

随着国际政治形势日益复杂化，城市博物馆在进行国际文化交流时面临着越来越大的挑战，会遇到越来越多的困难。

（一）人才、资金、资源上的挑战

城市博物馆的国际交流与合作更多是政府主导的，但近年来城市博物馆获得的政府财政支持在持续减少。在北京、江浙沪和珠三角等经济发达地区，政府普遍采用新的政策工具，激励博物馆发展文创产业，增加文创收入，从而减少博物馆对财政的依赖，在国际文化交流中开始鼓励博物馆自筹经费。在经济发展相对滞后的地区，博物馆的预算有限。

多数的城市博物馆在人才结构、财务预算和馆际资源等方面，与国家级、省级博物馆有着明显的差距，因此在独立自主地开展国际展览交流时常觉得力有未逮。以南宁市博物馆为例，新馆开放后博物馆精打细算，利用有限的经费每年策划交流展览和原创展10个左右，但与一些省级大馆策划一个精品展览就有较高预算相比，南宁市博物馆可以用在国际展览交流上的经费仍然不够充足。即便如此，南宁市博物馆的展览经费依然超过了大多数的城市博物馆，可见城市博物馆进行国际展览交流的难度。

(二) 传统观念的束缚

目前，城市博物馆进行对外交流的方式还局限在馆际交流上，社会化的多元文化交流格局仍未建立起来。城市博物馆在国际文化交流中更多地会采取与国外博物馆、展览交流机构或企业合作引入国外展览，并依托展览开展一些社教活动。一些有条件的博物馆还会在藏品保护、学术研究等业务方面进行国际合作和交流。虽然，专业性的国际交流从博物馆业务出发，往往轻车熟路，更易于操作，也符合博物馆的传统理念，但是降低了博物馆在国际交流中的社会化程度，让文化交流的深度和广度都打了折扣。

欧洲博物馆的产生与发展经历了文艺复兴、启蒙运动、地理大发现和工业革命等数百年的孕育与洗礼。中国的博物馆则有所不同，它是在晚清民国的风雨飘摇中诞生的。救亡图存的时代主题及经学没落、新史学兴起的学术背景，使中国博物馆选择了一条由实证主义史学主导的，强调博物馆科学性、专业性的道路，人文主义及其公共性的价值一定程度上在博物馆的传统中被边缘化了。似乎，缪斯女神的神庙里只剩下了克利俄(Clio)的供奉，而诗歌、戏剧、音乐、舞蹈、哲学、农业、几何、天文学等多元文化元素都成了陪衬。

此外，许多城市博物馆缺乏进行对外文化交流的主观能动性，抱着被动的态度，导致相关实践比较缺乏。

今天的中国博物馆已经走出了救亡图存的时代，走在了民族复兴的新征程上，应该突破传统观念的束缚，在理论与实践的创新中构建社会性与专业性并重的多元文化交流格局。

（三）缺乏市场和社会部门的参与

一般认为，国有博物馆是非营利机构，财政资金维持着博物馆的基本运营，博物馆与市场、社会部门之间要保持一定距离。

诚然，在现有体制下城市博物馆多数属于公益一类事业单位，其开办资金来自财政资金，运营经费也被编列在政府的年度预算之中。政府与博物馆之间存在着明确的"委托—代理"关系，这种关系根源于政府需要购买博物馆的专业化服务来获取经济社会发展的正外部性。政府与博物馆的旧有"委托—代理"模式在现实中存续时间越久就越为稳固。博物馆在引入市场和社会力量时还存在法律制度风险。比如，在有关公益一类事业单位的管理规定当中就明确规定："不能或不宜由市场配置资源"，由财政全额拨款。博物馆就像政府呵护的"桃花源"，对于市场和社会部门常常是"乃不知有汉，无论魏晋"的。

然而，如果不能积极引入市场和社会力量，城市博物馆的国际文化交流只能是跛脚之行，难以致远。

（四）城市博物馆之间各自为政

在中国博物馆协会下设立有各类专委会，也建立了很多专题性或地区性的博物馆联盟，但在城市博物馆开展国际文化交流时很少能见到这些专委会和博物馆联盟发挥作用，也很少见到各类专委会、联盟有明确的发展愿景和规划。

因此，城市博物馆在开展国际文化交流时多数是各自为政，无法统合资源，也不能分担交流的成本、分享交流的成果。在做"邂逅"系列展览时，南宁市博物馆有意愿开展城市博物馆之间的合作，将展览活动延伸到更多的城市，但是出于预算、理念和涉外交流风险等因素的考虑，很多城市博物馆即便感兴趣，也很难转变为现实的合作。

四、城市博物馆开展国际文化交流的建议

（一）思想观念的革新

博物馆人思想观念的嬗变，源于对博物馆史的考察与重构，要让人文主义的传统重回城市博物馆的价值核心，让理性主义与经验主义在认识论和方法论上达成和解。博物馆人要跳出体制化的僵化思维模式，改变以往博物馆只是文化遗产教育、收藏、研究和展示场所的观念，认识到城市博物馆是文化多元叙事的空间，本身就在地方文化生长的过程当中，从而深刻理解开展国际文化交流的重要意义。

南宁市博物馆在国际文化交流活动上的创新，让博物馆摆脱了过去固有"记忆仓库"的形象，开拓出开放的交流格局，真正让城市博物馆成为文化交融、滋长的动态场域。

（二）争取政府的多方面支持

城市博物馆面临的挑战远多于国家级、省级博物馆，所以不能困守"象牙塔"，应该主动争取多方面的支持。

南宁市博物馆主要在三个方面争取国际文化交流的政府支持。首先，积极与外事、宣传、统战等部门沟通交流，虽然这些部门多数不能给予资金上的帮助，但是可以通过合作，简化对外交流的流程，提供申请经费的依据，并规避风险；其次，主动与文旅、财政、人事等部门协商，通过国际交流形成的正面影响，说服相关部门加大资金支持，甚至推动政策改革；最后，努力将国际交流项目做成文化品牌，以此申请国家和地方的专项经费，营造国际文化交流的可持续发展环境。

(三) 引入市场和社会部门的力量

笔者认为政府、市场和社会三个部门彼此之间不是壁垒森严，而是文化实体中联系紧密的有机组成部分。要想兼顾博物馆的专业化与社会化，就要敢于同企业、机构和个人交朋友，大胆引入市场和社会力量参与到国际文化交流当中。在开展国际文化交流的过程中，我们发现欧美博物馆更注重与社会的动态联系，对于市场、社会部门参与博物馆治理不仅不排斥，还有许多较为成熟的模式。

从南宁市博物馆的尝试中，也发现市场、社会力量的引进，可以大大节省国际交流的开支，花小钱、办大事。例如，南宁市博物馆与雅巽文化公司的合作，俄罗斯艺术家波波夫工作室的入驻、南博国际艺术交流中心开幕活动、博物馆广场"象韵"雕塑落成等费用均由企业承担，博物馆因此节省了200多万元的经费，此外在雅巽文化公司的牵头下，南宁市博物馆还与俄罗斯国家美术学院博物馆、普斯科夫博物馆达成了展览交流互访的意向；与欧盟广西总商会的合作，博物馆方每年仅投入25万元的经费，就形成了德国艺术家访华驻场创作、举办"邂逅"系列年展、捐赠艺术作品等诸多成果，在2024年9月还成功在德国柏林举办了"邂逅八千里——中德艺术交流回顾展"，在中德两国之间搭建起艺术交流的桥梁，获得了中国驻德大使馆的高度评价。

城市博物馆的参观者以市民为主，主动吸引社区民众参与其中，是让国际文化交流摆脱孤芳自赏、开拓中外文化交流互鉴广阔空间的关键。在这个过程中，博物馆在城市文化的自组织生长中起到了更为关键的作用，真正履行了自己的社会责任和文化使命。在近些年的对外交流活动中，许多市民给予了大力支持，有的利用自己的外语专长义务担任翻译，有的积极介绍资源。

(四) 发挥博物馆协会专委会和博物馆联盟的作用

无论是在财政经费，还是在社会资源上，城市博物馆多数比不上国内的一些大馆，但是城市博物馆的数量众多，馆藏各有特色，交流的渠道和模式更加丰富多元。博物馆协会专委会、博物馆联盟要积极发挥作用，鼓励一两个核心成员单位牵头，各成员单位协商制订中远期的发展规划，将各自资源整合起来，与国外博物馆进行展览、学术、社教等方面的交流，这样不仅可以构建起开放的、多元的国际文化交流格局，还能起到丰富交流渠道、分担交流费用和风险的作用。

跨五洲 讲多元一体中国故事
——以民族文化宫博物馆出境展览为例

民族文化宫博物馆 陶颖 研究馆员

文化是一个国家、一个民族的灵魂。[1] 中华文化不仅滋养着中华儿女的心灵，也在世界舞台上绽放光彩。在中华文化形成和发展过程中，各民族密切交往、相互依存、交流融合，共同缔造了中华文明。西汉时期的昭君出塞、北魏时期的孝文帝改革、唐朝的文成公主进藏，都是各少数民族文化与汉文化相互交流的生动写照；秦汉雄风、盛唐气象、康雍乾盛世，都是历史上我国各民族文化相互激荡、相互交融所谱写的历史篇章。作为中华文化的重要组成部分，精彩纷呈的中国少数民族文化也是中国面对全球文化竞争构建自身文化软实力的重要资源。

一、留存各民族历史文化记忆

民族文化宫位于北京长安街西侧，主管单位是国家民族事务委员会，1959年10月落成并对外开放。素有"民族文化宫殿""民族典籍之宫""民族之家"的美誉，是收藏、保护和研究民族类文物古籍文献及珍贵艺术作品的专业机构，内设博物馆、图书馆、展览馆、画院、大剧院、文化交

---

[1] 习近平.坚定文化自信建设社会主义文化强国[EB/OL].(2019-06-15)[2021-12-05].https://www.gov.cn/xinwen/2019-06-15/content_5400577.htm.

流中心等 15 个部门，是国家一级博物馆。

1950 年，毛主席在中央政治局会议上提出：我国是个多民族国家，新中国成立后，每年都有许多少数民族同胞来到首都北京参观访问，要给少数民族建一个宫，不但可以作为各民族大团结的象征，还可以作为少数民族同胞活动的中心。❶ 民族文化宫由周恩来总理亲自选址并审定设计方案，于 1958 年 4 月破土动工。1959 年 8 月民族文化宫建成封顶，10 月 6 日正式对外开放。作为新中国成立十周年首都十大建筑之一，一经建成就以其独特风格蜚声海内外，成为建筑界的经典。

民族文化宫藏品规模庞大，门类齐全，珍品、孤品数量众多，是我国收藏少数民族文物、古籍文献和少数民族美术作品数量最多、种类最丰富的专业机构。现有藏品 65 万件（套），其中文物藏品 45 万件（套）、古籍 20 多万册、图书 40 多万册、书画艺术作品近 5 000 幅。

民族文化宫博物馆收藏我国 56 个民族文物 5 万件（套），藏品包括生产工具、生活用品、服装服饰、民间乐器、钱币印玺、文书封诰、工艺美术品、宗教用品等 30 个类别，已形成独具特色的馆藏体系。其中，汉代铜鼓、古代印玺文诰、明清时期唐卡、清代及民国时期各民族官服、历世达赖和班禅敬献中央政府礼品，以及中华人民共和国成立后各民族敬献的礼品等文物，很多都是博物馆界的孤品、绝品。这些文物是中华各民族交往、交流、交融的物质载体，充分体现了各民族共同缔造、发展、巩固统一的伟大祖国的历史。

长期以来，民族文化宫博物馆在中央领导的亲切关怀和国家有关部门的支持下，认真履行社会文化职能，在我国多民族国家政治生活和社会发展进程中，发挥了显著的作用，并承担着国家民族博物馆的社会职能。民族文化宫博物馆作为中国博物馆协会民族博物馆专业委员会主任委员单位，

---

❶ 牛志男.新中国第一宫 我们的共有精神家园 民族文化宫建宫 60 周年记略[J].中国民族,2019(12):49.

定期组织全国民族和民族地区举办年会、学会、研讨会、进修班等，积极参与各类博物馆行业组织、区域博物馆联盟、馆际交流平台，加强与民族地区文博业务交流，支持、指导推动民族地区文博事业发展。

60 多年来，民族文化宫成功举办了各类展览和民族工作成就展 1 700 多个，全国 56 个民族的优秀传统文化和经济建设成就在这里均有展示，上演了民族歌舞及中外著名音乐、戏曲等节目 20 000 多场次，接待了 100 多个国家和地区的外宾、侨胞。经过几代人半个多世纪的努力，民族文化宫已发展成为展示民族工作成就，收藏、保护各民族社会历史文物文献，调查研究各民族传统文化，展示中华优秀传统文化和民族地区社会经济文化发展成就的平台，树立和凸显中华文化符号和中华民族形象、构建中华民族共有精神家园的文化殿堂。

二、讲好各民族交往交流交融故事

自 20 世纪 80 年代以来，国际文化交流活动日益频繁，在此过程中，中国少数民族的传统文化以不同的形式在世界各地展现光彩。

民族文化宫博物馆依靠得天独厚的馆藏文物优势，推出中国少数民族服饰、乐器、面具等专题展览 30 余个。1985 年以来，先后组织境外文物展览 32 次，其中"中国少数民族服饰文化展""中国少数民族面具展""中国少数民族服饰工艺展""中国藏传佛教文化展"等一批对外文化展览交流项目，先后赴美国、日本、俄罗斯、马来西亚、韩国、法国、秘鲁、澳大利亚、意大利、哥伦比亚等国，展现了珍贵的中华历史遗产和海纳百川的中华民族文化，得到国外观众的广泛好评。

1989 年 10 月 6 日—11 日，"中国少数民族服饰展览"在日本东京举办。1991 年 4 月 26 日—5 月 19 日，"中国西藏文化展览"在日本东京举办。1991 年 8 月，经国家民族事务委员会批准，民族文化宫博物馆与日本国立民族学博物馆共同签订了《中日民族文化交流协定》。两国互派专家学者进行访问考察，双方充分交流，友善交往。与此同时，民族文化宫博物馆为日本国立民族学博物馆提供了我国部分少数民族的现代服饰、乐器、生产生活用具共计 2 000 余件。❶ 该项目同时签订了中国民族音像出版社（民族文化宫所属副局级单位）与日本 JVC 株式会社联合摄制 49 集电视系列片《天地乐舞——中国少数民族民间音乐舞蹈大系》的协议。❷ 1992 年 12 月 30 日—1993 年 1 月 22 日，"中国少数民族服装展览"在马来西亚吉隆坡举办。2000 年 9 月 29 日—10 月 22 日，"中国藏族文化艺术展"在韩国汉城举办。2001 年 7 月—10 月，"中国伊斯兰文化展"在马来西亚吉隆坡伊斯兰艺术博物馆举办。2005 年 7 月 25 日—11 月 22 日，"中华瑰宝——中国少数民族文化展"在秘鲁国家文化中心举办。2007 年 4 月 16 日—20 日，民族文化宫博物馆出展展品参与中法文化年"中国非物质文化遗产节"法国巴黎展览交流活动；2007 年 10 月 7 日—2008 年 3 月 24 日，"仪式与传奇——中国面具展"在澳大利亚墨尔本移民博物馆举办。2011 年 11 月 18 日—25 日，"中国少数民族传统服饰暨工艺展"在美国洛杉矶长青文化中心举办。2012 年 10 月—2013 年 5 月，"两宫藏藏传佛教及藏族文物珍品展"在意大利特拉维索卡萨德-卡拉雷兹博物馆举办。2016 年 11 月—2017 年 2 月，"霓裳之汇——中国少数民族服饰文化展"在哥伦比亚波哥大市国家历史学院举办。2019 年 7 月，"文化记忆——丝绸之路非物质文化遗产展"在奥地利维也纳联合国维也纳办事处中央圆厅开幕。一系列代表国家形象的对外交流活动，向世界讲述了中华民族共同体的故事，展示了多彩的中华文化的魅力，中国在国际交流中赢得了良好声誉。

民族文化宫博物馆主要出境展览有："中国少数民族服饰展""中国少数民族乐器展""中国少数民族面具展""中国少数民族佩饰展""中国少数民族工艺美术藏品展""中国少数民族文物精品展""文化记忆——中国

---

❶ 刘志清.民族文化宫的 30 年[J].中国博物馆,1991(1):92-96.
❷ 民族文化宫档案会谈纪要:1991 年 10 月 21-22 日。

丝绸之路非物质文化遗产展""中国藏传佛教文物展"。

40多年来，民族文化宫博物馆充分发掘藏品的资源优势，充分考虑文化差异、观众群体等因素，强化品牌建设，推出了一系列展示多彩中华文化、展现中国各民族交往交流交融美丽画卷、讲述中华民族一家亲的中国故事的展览，为服务国家外交大局，提升中华文化的国际影响力，让世界了解多元一体中国，让中国走向世界做出了积极贡献。

三、传播中国理念的担当与使命

民族类博物馆的藏品是一个地区、一个民族的文化、经济、社会发展历史的见证。这些藏品记录了新中国成立70多年来民族与民族地区的整体发展情况，是中华多元一体国家的真实反映，是世界各国了解中国、了解中国理念的重要资料。

据不完全统计，全国仅文物系统就有589个以保护民族文物为核心业务的博物馆（其中5个自治区有417个博物馆），全国已有44个少数民族拥有重点展示本民族历史文化遗产的博物馆。内蒙古博物院、广西壮族自治区博物馆、海南省博物馆、云南省博物馆、云南民族博物馆、西藏博物馆、宁夏回族自治区博物馆、宁夏固原博物馆、新疆维吾尔自治区博物馆等省级综合博物馆均为国家一级博物馆；黑龙江省民族博物馆、延边朝鲜族自治州博物馆等17家博物馆，和河北隆化民族博物馆、四川凉山彝族自治州奴隶社会博物馆等41家博物馆，分别为国家二、三级博物馆；民族地区定级博物馆总数达到67家，占全国定级博物馆总数的9.3%。❶ 截至2024年，全国博物馆总数达6 833家，参观博物馆成为社会新风尚，而民族与民族地区的博物馆也在蓬勃发展，正在成为展示区域文化历史、民族团结进步、经济文化繁荣的主力军。

---

❶ 国家文物局对十二届全国人大四次会议第5681号建议的答复,文物博函[2016]1211号。

由民族文化宫担任主任委员、秘书处设置在民族文化宫博物馆的中国博物馆协会民族博物馆专业委员会，现有来自全国民族与民族地区博物馆会员馆200余家。这些民族博物馆丰富的藏品大大补充了中国博物馆的文物藏品类型。这些博物馆是为了保护和传承中华民族的文化遗产而设立的，承担着重要的历史责任，即通过展览、研究、教育等方式，让公众了解和认识到中华民族的文化瑰宝和自然珍宝的价值。这些博物馆的建设和运营，充分展示了民族文化的丰富性，体现了国家对文化遗产保护的高度重视和推动文化遗产活化所做的努力。通过这些博物馆，公众可以更加直观地感受到中华民族的历史和文化，从而增强文化自信和民族自豪感。

据统计，改革开放40多年来，在国家文物局领导下，全国仅出境文物展览就超过900项。随着我国与世界更多国家和地区合作的不断加强，文物展览数量也在逐年增加，且从改革开放初期主要集中在西方发达国家，逐步扩展到五大洲更广阔的地域。❶

作为长期代表国家向境外输出文物展览的重要机构——中国文物交流中心，是笔者着重关注的机构。中国文物交流中心是国家文物局直属的正局级事业单位，主要职能为组织协调和承办进出境及各类文物展览、组织文化遗产领域国际合作等相关外事服务工作。从中国文物交流中心1971年至2009年举办的文物展览目录统计数据可知，有关全国各民族和民族地区的文物展览在所有对外交流的展览中所占比例较低。其中有：1983—1984年"中国内蒙古北方骑马民族文物展"（日本东京日本桥高岛屋）；1984年"中国云南省博物馆青铜器展"（日本名古屋名铁百货店）；1987年"中国西藏艺术珍宝——唐卡文物展"（巴黎国家自然历史博物馆）；1993年"中国西藏珍宝展"（阿根廷国家图书馆）；2012—2013年"两宫藏藏传佛教及藏族文物珍品展"（意大利特拉维索市卡萨德—卡拉雷兹博物馆）。

---

❶ 金色名片——改革开放40年中国出入境文物展览回顾[EB/OL].(2018-11-07) [2021-12-08]. http://www.ncha.gov.cn/art/2018/11/7/art_2092_152555.html.

除此之外，在文化部等相关部门的关心支持下，云南民族博物馆"云南各民族服饰展"在俄罗斯展出，广西民族博物馆"美的瞬间：广西纺织文化展"在韩国大邱市博物馆举办。近年来广西壮族自治区博物馆也加大了与东盟国家的交流与合作。纵观相关统计和不同平台的报道，全国民族与民族地区的博物馆参与的反映中国多民族多元文化的出境展览占比还是很小的。

以民族文化宫承担的国际性展览为例，1985—2024年，民族文化宫博物馆赴日本、美国、俄罗斯、意大利等国参与筹办了32场境外专题展览。对于一个国家级收藏中国56个民族文化遗存的行业博物馆来说，平均每年不到一场。笔者通过对展出时间、展览场所、宣传推广、观众参观人数等信息进行梳理，反映出以下几个关键问题。第一，渠道单一，合作空间小。多年来，民族文化宫博物馆主要承担国家民族事务委员会、文化和旅游部（中外文化交流中心）、国家文物局（中国文物交流中心）等委托合作的对外展览工作，民族文化宫没有自己的输出平台和渠道，推广空间狭小，导致展览输出较为被动，主动输出展览项目少。第二，境外展期短暂，地点局限。民族类博物馆的出境展览时间多为7~10天，多配合各种主题宣传活动而举办。展出地点多在文化中心、华人会馆等地，而不是在博物馆。第三，投入不足，没有持续的专项经费支持。民族和民族地区博物馆没有强有力的资金支持，加上国际往返运输费用、人员费用较高，展览和参展人员不能够在境外长时间停留，基本达不到博物馆常规的一个月至三个月的展出周期。第四，这些展览没有全面展示中国多元文化特点，因此，观众流量少，社会反响不强烈。展出地点为非主流区域，展期较短，没有形成展前推广效应，导致参观量少，这大大削弱了出境办展的效果和意义。

民族类博物馆要正确认识当今时代潮流和国际形势，守正创新，在不断总结过往经验基础上，拓展合作空间，丰富展出形式，改善宣传推广模式，丰富传播内容，拓宽传播渠道，更好地讲好中华民族共同体故事，向世界展示多元、包容的中华文化，让世界各国观众感知中华文明的文化底蕴和精神内涵。

四、讲好多元一体中华故事

中国是一个传统文化底蕴深厚的国家，以文明古国著称，悠久的文明进程留下了丰富的文化遗产，这也是人类共同的精神财富。中国作为统一的多民族国家，数千年来各族人民携手缔造了辉煌灿烂的中华民族文化，也造就了中华民族多元一体的格局。

随着经济的快速发展，我国的国际地位不断攀升，对外交流日益频繁，以文物为载体的文化交流合作也日趋密切。我们需要加强馆藏文物的研究与保护，将潜在藏品优势转化为文化传播优势。

一是要不断积累跨区域合作的经验，树立中华多元文化展览品牌。积极进行跨区域、跨地域的合作办展，加强对异国文化的解读，深挖展览题材，创建良好的文化交流与文化认知平台。我们要积累跨区域、跨地域办展经验，树立中华文化品牌形象，凸显华夏文化特色，在国际舞台上彰显中华文化的精神气质。

二是要不断加强文博专业技术人员培训和人才培养，打造国际化策展人才队伍。在举办跨境文化交流展览过程中，更多的参展博物馆的专业技术人员有机会走出国门，开阔视野，学习外国先进的陈列模式和管理方法，提高专业素质。

三是要不断更新知识，持续加强基础研究。博物馆只有在加强文物研究与展品维护、确保文物安全的前提下充分利用丰富的藏品资源，才能使潜在的优势转化为现实的优势，不断发展壮大。在此基础上，要打破传统的"重藏轻用"的观念，努力打造自己的"展览品牌"，不断推出符合社会价值取向、深受观众喜爱的精品展览，让馆藏文物"活起来"，走近观众，走向世界。

四是要培养全球化思维，打造跨文化交流平台。通过办展，将文物所承载的文化信息准确有效地呈现出来。通过扩大交流与合作，让中华文化在更大的范围、更广的领域得到更加充分的展示与宣传。

讲述中华民族共同体故事的展览，具有多彩的民族文化意蕴，凝结了中华民族在不懈奋斗历程中的智慧。持续开展同世界各国的文化交流合作，推出形式多样、主题鲜明的专题展览和文化活动，广泛开展与世界其他文明的对话，传播中国声音，推动中华文明与各国文明的交融共生，为各国人民了解多元一体的中国提供独特视角。随着越来越多的关心支持中国少数民族文化事业的国际、国内团体的加入，讲述中华民族共同体故事，向世界展示中国各民族平等、团结、互助、和谐的民族关系，可以更好地宣传我国民族政策的成功经验，增进国际社会对中国尊重差异、包容多样理念的认识。

"实物"的缺席与叙事的在场
——博物馆"无实物"类型展览策划路径研究

天津师范大学　陈晨　副教授

天津师范大学　程浩宇　硕士研究生

在如今的博物馆中，观众获取知识的方式已不再局限于审视"实物"（博物馆物），新兴的辅助材料同样能使观众了解先辈们的历史和生活。这些辅助材料拥有卓越的叙事能力，其应用不仅拓宽了博物馆展览信息传递的渠道，还赋予了展览策划额外的可能性。基于此，部分单位已经对以辅助材料为主体的"无实物"类型展览模式进行了尝试，如首都博物馆推出的"读城"系列展览、绍兴博物馆推出的"兰亭的故事"系列巡展、蚌埠市博物馆推出的"铲释天书"考古体验展、甘肃简牍博物馆推出的"金塔问天——趣味航天文化巡展"等。本文以无为市博物馆在2023年开馆推出的原创展览"遇见米芾"为例，从理论层面厘清博物馆"无实物"类型展览的概念，分析其信息传播模式、策划理念，亦从实践层面探讨"无实物"类型展览的实践方法，以期为"无实物"类型展览的策划提供新思路、新方向。

一、博物馆"无实物"类型展览概念辨析

实物一般指三维的、立体的、可被感知的、不以人的意志为转移的一切物质性实体。但不是所有实物都可以进入博物馆，只有经过严格筛选、

符合条件的实物,才能进入博物馆,成为"博物馆物"(人类及人类环境的见证物)。所以,博物馆中的"实物"指的是"博物馆物",即拥有历史、科学、艺术价值的藏品和资料。"无实物"类型展览即不使用"博物馆物"进行叙事的展览,在我国博物馆的语境下,"无实物"类型展览就是不使用文物库房内已定级的文物和一般文物,以及收藏在博物馆资料库内的实物资料,而使用辅助材料进行叙事的展览模式。需要注意的是,博物馆"无实物"类型展览中的辅助材料包括模型、复制品、互动触摸装置、艺术装置、场景复原等,由数字多媒体技术制作的新媒体展品不在其列。

博物馆"无实物"类型展览虽然和一般商业性展览采取同样的叙事策略,即都不使用文物进行叙事,但二者在主题、性质、主体、目的上有着本质区别。在主题上,博物馆"无实物"类型展览立足于博物馆特色,以博物馆馆务、文物等为核心,而商业展览则以现代都市生活、潮流文化为核心。在主体、性质上,博物馆"无实物"类型展览由博物馆主持,其公益性质显著,而商业展览由民营机构主持,绝大多数是营利性的。最后,在目的上,前者以科普科学知识、传播优秀文化为己任,而后者则多服务于个人、企业,多用于品牌宣发或文化空间提升。综上所述,博物馆"无实物"类型展览虽然和一般性商业展览有相同之处,但前者坚持"博物馆"内核,承担着启迪民智和公众教育的神圣职责,故其和一般性商业展览有着本质区别(表1:博物馆"无实物"类展览与商业展览对比表)。

表1 博物馆"无实物"类展览与商业展览对比表

类型	主题	性质	主体	目的
博物馆"无实物"类展览	基于本馆特色,如馆务、文物、宣教活动等	公益性	博物馆	公众教育
商业展览	基于都市生活文化,如穿搭、情感生活等	营利性	民营个体	品牌宣发

二、博物馆"无实物"类型展览的信息传播模式

严建强先生在《展览阐释：美术馆和博物馆策展比较》一文中详细论述了博物馆的信息传播过程，即实物内涵被博物馆研究释读，博物馆将研究成果转换为非学术性展览语言，继而传递给观众的过程。❶ 在这个过程之中，实物充当了信息传递的媒介，观众在展厅中直接观看实物，同时观看博物馆对实物的说明，从而获取信息。具体而言，博物馆传递信息的展览策略有两种——器物定位型展览和信息定位型展览。器物定位型展览只用"实物"叙事，不依靠辅助手段，强调观众对展品的自主理解。信息定位型展览以讲故事为主，"实物"在其中充当了佐证故事真实性的材料。但博物馆中的实物历史久远，大多已经脱离了原先的存在场景，由此使今天的观众产生距离感而变得难以理解。所以在信息定位型展览中，"实物"往往和新兴的辅助材料（如模型、沙盘、互动触摸装置等）共同支撑起展览叙事，辅助展品对"实物"进行补充性的阐释，同时也弥补了"实物"叙事连续性不足的问题。在这种语境下，观众通过观看由"实物"和辅助材料共同构筑的展览叙事获取知识。

博物馆"无实物"类型展览与信息定位型展览的策略是一致的，即讲故事，故而博物馆"无实物"类型展览属于信息定位型展览的范畴之内。但二者之间的区别在于，信息定位型展览依靠"实物"和辅助材料共同叙事，而博物馆"无实物"类型展览仅依靠辅助材料进行叙事。因此，辅助材料充当了博物馆"无实物"类型展览信息传播的媒介，观众主要通过博物馆设计的沙盘、互动装置、模型、艺术装置等获取知识（见图1）。

---

❶ 严建强.展览阐释：美术馆和博物馆策展比较——兼谈博物馆的美术馆化[J].东南文化,2021(5):133-142,190-192.

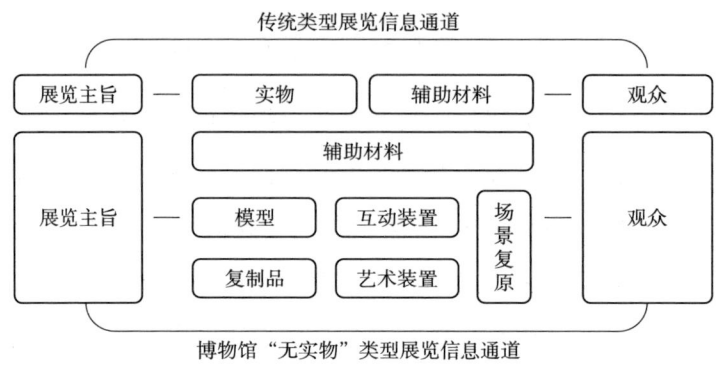

图 1　博物馆"无实物"类型展览信息通道示意图

三、博物馆"无实物"类型展览策划理念

博物馆"无实物"类型展览虽然仅使用"辅助材料"进行叙事,但并不是单纯的图文展,而是一种以传播知识和文化为导向,用辅助材料进行多元化、创造性诠释与演绎的展览模式,具有"轻学术""强叙事""多点位""重体验"的特点,"无实物"类型展览正日益成为博物馆开展业务、策划展览的新模式。

(一)轻学术

博物馆中的"实物"是自然环境及人类文明的见证者,它们不仅经历了数百年时间的洗礼,还承载着厚重的文化积淀,具有重要的学术价值、审美价值和历史价值。在传统的以"实物"为中心的展览中,因为要呈现实物的唯一性、代表性,保证传递信息的客观性、准确性和权威性,其展览语言往往是肃穆、庄重的。在这种展览中,"实物"是信息传递的主要载体,而展览文本在其中主要起到辅助观众了解"实物"的作用,故其居于次要地位。

而在"无实物"展览中,辅助展品和展览文本成为叙事的主力军,它们共同组成了信息传递的载体,二者相互补充,不可分离。这便要求"无实物"展览的文本要浅显易懂，在兼顾专业性的前提下，拒绝学术性语言的堆砌。相较于以往"重学术"的展览语言，这种通俗易懂的展览语言便是"轻学术"的。轻学术的"轻"主要体现在展览文本的结构轻、内容轻和给观众的理解压力轻。

首先，"结构轻"指的是展览文本的结构清晰明了。换句话说，就是展览文本中的大、小标题之间的逻辑关系清晰、关联性强，展览的框架和脉络简单易懂，展览的节奏明快。

其次，无实物展览的文本内容也应当是简明的。约翰·福克和林恩·迪尔金在其合著的《博物馆体验》一书中提出："大量研究结果表明，观众们平均花在某个说明牌上的时间只有几秒钟……超过90%的观众甚至根本不屑于去阅读说明牌，他们顶多花几秒钟瞥一眼。"[1] 这便要求展览文本在不丢失展览核心内容的前提下，展览文本的文字要尽可能精简，表达尽可能直率。换句话说，展览文本内容的"轻"就是用最少的文字讲最清楚的故事，其目标是追求观众获取信息效率的最大化。

最后，采用"轻学术"的展览模式，最终的落脚点是减轻观众的理解压力。观众很多是抱着休闲娱乐或是寻求博物馆体验的目的来到博物馆的，那么博物馆的展览便不应该让他们感到有理解压力，这就要求策展人要充分解读学术资料，将晦涩难懂的知识转化为通俗易懂的日常语言，以亲切的口吻、温柔的语气向观众娓娓道来。

（二）强叙事

"强叙事"指的是"无实物"展览的文本具有较强的叙事性。在以"实物"为本位的展览中，"实物"是构成展览故事线的主要元素，起着引领观众观展的重要作用。而在"无实物"展览中，辅助展品和展览文本共同构

---

[1] 约翰·福克,林恩·迪尔金.博物馆体验再探讨[M].马宇罡,戴天心,王茜,等译.北京:社会科学文献出版社,2021:97.

成了展览的叙事链条,这便要求"无实物"展览的文本在配合、解释辅助展品的同时,具备一定的叙事性。在观众知识水平和审美意趣不断提高的今天,"将展品简单放置在展柜内、将展板直接悬挂在墙面上"的展陈方式已经无法满足参观者的需求。人们更希望在参观展览时"听策展人讲故事",并且这种故事应当是扣人心弦并充满"兴趣点"的。"无实物"展览缺乏文物展品的支撑,在这种情况下要想讲好本主题的故事,除了运用视觉上的刺激诱导、吸引观众,更需要策展人从观众的心理需求出发,在展览中讲述诙谐幽默、平易近人的故事,从而编写高质量、叙事性强、引人入胜的展览文本。

需要指出的是,"强叙事"与"轻学术"并不冲突,二者是相辅相成的关系。"强叙事"要求展览讲的故事动人心弦,"轻学术"要求展览讲的故事通俗易懂。一场叙事性强的展览中,所涉及的专业概念是少量的。若是一场展览中涉及了过多的专业知识点,那么观众在阅读展览文本时,就会经常被这些晦涩难懂的专有名词困扰,进而影响其观展体验。这就好似导演在一部电影中强行塞进了种种高深莫测的科幻概念一般,不仅不宜于电影叙事,还会影响观众对于剧情的理解。

(三) 多点位

当我们站在观众的角度去审视展览,会发现观众在博物馆中的思考都源于一个或多个"兴趣点",这些"兴趣点"可以是展览文本中的小巧思,可以是展厅中的小彩蛋,也可以是展览设计中艺术化的表现手法,它们围绕着展览内容的重点和亮点,在合适的时机将故事推向高潮。在以"实物"为本位的展览中,人们的目光往往聚焦于"实物"。而在"无实物"展览中,因其缺乏相应的文物资源,无法利用文物本身的历史气息和内涵吸引观众,这便要求"无实物"展览在展览文本和形式设计中做好文章,根据该展览的传播目的设置相应的能够引发观众兴趣的"点",规划这些"兴趣点"的类型,确定它们的重要程度,并在控制好数量的同时,合理地将它们布置在展厅之中。而在众多的"兴趣点"中,审美型的"兴趣点"是最能够激发观众好奇心、触动观众情感的。

(四) 重体验

"重体验"指的是"无实物"展览要重视观众的情感体验。当今,观众是以学习知识、感悟历史、审美鉴赏和休闲娱乐为目的参观博物馆的,只有展览刺激了观众的感官,触动了观众的心弦,才能让其印象深刻,留下美好的博物馆参观记忆。"无实物"展览致力于用浅显的文本、明快的形式为观众营造"留下博物馆记忆的小空间",强调在轻松的展览氛围中用多种方式与观众互动,激发观众的情感。观众能记下多少知识点不再是"无实物"展览的主要考量,相反,"观众看得舒不舒服""展览能不能调动观众情感"则是检验展览效果的重要指标。归根结底,博物馆"无实物"类型展览注重为观众营造"动之以情"的观展体验,让观众记住在展览中遇见的美好瞬间。

四、"遇见米芾"展览项目概述

"遇见米芾"展览以解读米芾为主题,以剖析米芾的个性、经历、艺术为主线,在展览策划和实施的过程中以观众需求为导向,对形式和内容进行了多种尝试,实现了"轻学术""强叙事""多点位"和"重感官"的有机统一。

(一) 展览选题

"遇见米芾"展览通过讲述米芾的身世背景、为官经历、个性特点和艺术造诣,致力于还原米芾的真实形象,让观众在博物馆中"遇见"米芾。策展人选择米芾作为展览的主角,是因为米芾的故事不仅"有的讲",而且"有必要讲"。

首先,米芾不仅创造了"米点山水",促进了山水画的变革和发展,还以书法闻名于世,与苏轼、黄庭坚、蔡襄并称"北宋四家",他在绘画、书法上都取得了具有划时代意义的非凡成就。其次,米芾在生活中,以其出众的社交能力"日接贤士大夫",苏轼、黄庭坚、李公麟、蔡京、宋徽宗都是米芾的好朋友。但米芾又有严重的精神洁癖,举止癫狂,嗜石如命,让人琢磨不透。最后,在官场上他虽官职低微,但却能在北宋复杂的政治环境中"庖丁解牛",用独到的政治智慧为自己赢得了宝贵的生存空间。米芾艺术造诣非凡,且富有生活意趣,故以米芾为主角的故事"有的讲"。

另外,米芾的故事还"有必要讲"。米芾与苏轼二人不仅是终身不渝的莫逆之交,米芾在书法和绘画上的造诣也可比肩苏轼。而当下以苏轼为主题的展览偏多,如故宫博物院举办的"千古风流人物——故宫博物院藏苏轼主题书画特展"、四川博物院举办的"高山仰止 回望东坡——苏轼主题展"、眉山三苏祠博物馆的"吾家东坡——苏轼题材文物特展·《苏轼书法全集》(四十五册本)图录特展"等,而以米芾为主题的展览却鲜有。故以米芾为主题的展览"有必要讲"。

(二)展览内容

策展人从观众的视角,向历史发问,以此来设计展览,让观众寻着历史的脉络,在展厅中找寻米芾的踪迹。"遇见米芾"展览紧紧围绕"遇见"这个关键词,用社会中人与人之间交往的逻辑串联起整个展览,带领观众从遇见米芾,到认识米芾,再到熟悉米芾。经过策展人的精心设计,展览将"遇见"这个核心分为四个主题:"米芾初印象""米芾在无为""米芾艺术家"和"米芾继承者"。

"米芾初印象"主要展示米芾的基本信息,如米芾的身世背景、个性爱好、官迹行踪等。作为展览的第一单元,策展人致力于为观众构建米芾"美好""完整"的第一印象,为观众在展厅中与米芾的初次邂逅营造氛围。策展人分别介绍了米芾的个性身世、官迹行踪和高层次社交,力图让观众对米芾留下深刻的印象。"米芾在无为"主要介绍了米芾在无为当地的故事,无为作为米芾人生道路中重要转折点的发生地,与米芾有着深厚的渊源。在展览的第二单元，策展人希望通过讲述米芾在无为的故事，唤醒当地民众的文化记忆，引发当地民众的共鸣，让观众与米芾的关系更进一步。"米芾艺术家"作为展览的第三单元，主要从四个方面介绍了米芾的艺术成就，策展人通过讲述米芾的"书法艺术""绘画艺术""收藏鉴定"和"诗文论著"，带领观众走进米芾的艺术世界。

在前三个单元，策展人从"直观"的角度介绍了米芾的"身世个性""官迹行踪"和"艺术造诣"，故而在第四单元"米芾继承者"中，策展人希望观众"转换视角"，从其他艺术家的视角认识米芾。米芾在书法领域对后世的影响巨大，直接促进了书法艺术新审美风尚的形成。米芾身后出现了一批追随者，继承了他的书法风格并发扬光大。策展人分三个层面介绍了米芾的继承者，即"小米元晖""绍兴米帖"和"后代名家"。

（三）形式设计

"遇见米芾"展览的形式设计以"缥缈"这个关键词为宗旨，依托展览脚本进行二次创作。首先，米芾的人生基调是"缥缈"的。米芾恃才傲物，不能与世俯仰，虽常年奔走于权贵之门，却只能做闲差下僚，难有作为。故其一生辗转于大江南北，漂泊于山水之间。其次，米芾独创的"米氏云山"是"缥缈"的。"米氏云山"不再刻意地表现山峰的体量、山石的褶皱质感和树木细节等真景实境，而是概括地表现景物，更倾向于抒发情感。"模糊"和"淡"是米氏云山的显著特征。

1. 主体色调

"遇见米芾"展厅以"石青色"为基色，辅以褐色和白色。"石青"是一种矿石染料，常用于青绿山水画中。从色彩心理学的角度讲，"青色"是代表保守、忠诚、和平、真实的颜色。[1] 米芾出身武人世家却生逢重文社会，才华横溢却出身冗浊，所以米芾不惜"改名换姓"，掩盖其身世。他身

---

[1] 李应强.中国服装色彩史论[M].台北:南天书局,1993:123.

处党争最激烈之际,却选择"不与入党",这是米芾保守的一面。尽管米芾有修齐治平、致君尧舜之志,但一生周旋于权贵间却难有作为,无法实现济世的抱负。因此,他便移情书画、勤于艺事,以"颠"为护身符,以"洁"示心志,只有在真正的朋友和心爱的珍宝面前才能摆脱桎梏,展现真正"憨直"的自我,这又是米芾真实的一面。选择青色可以反映米芾颠宕起伏、困踬流离的人生轨迹,描摹出米芾充满矛盾的心路历程。

2. 装置设计理念

"遇见米芾"为观众创造了数个"兴趣点",旨在加深观众对于展览内容的理解,鼓励观众分享、打卡,促进观众之间知识的交流和共享。这些"兴趣点"与展览文本紧密结合,采用装置艺术的形式,被策展人合理地安排在展览的各个部分,是对展览内容的升华和总结。它们拓展了"遇见米芾"展览的叙事空间,体现展览内涵的同时,也增强了展览的趣味性。

"遇见米芾"中共有四个装置艺术,"米芾字阵""走马灯""宝晋斋场景复原"和"米癫拜石"。

"米芾字阵"(见图2)是"遇见米芾"展览中占地面积最大、最核心的装置艺术,该装置在立意上选择了最能代表米芾的三个标签,即"米氏云山""米芾书法"和"米芾印章"。策展人将这三个标签的相关内容进行抽象提炼,再以艺术化的方式将其展示出来。首先,策展人以反映米芾矛盾、苦闷心理的"楚国芈姓"印章作为该装置的主体。其次,策展人依据"米氏云山"中水雾氤氲、烟云渺渺的意境进行二次创作,搭建出具有缥渺感、朦胧美的视觉景观。最后,因米芾以书法闻名,策展人选取了其书法作品中最"美"的几笔,将其拆分、放大,围绕在装置四周以增加装置的视觉效果。

"走马灯"(见图3)设置在第一单元的第三部分,旨在以更直观的方式介绍米芾的官迹行踪,同时让观众有互动感。策展人在该装置上采用了"虎头灯"的形制,"虎头灯"是米芾在无为发明的一种灯前挂牌、灯面绘制兽形图案以辟邪的剔墨纱灯。策展人依据此进行了二次创作，将灯前绘制的兽形图案换为"米芾做官地点的代表性建筑剪影"，并在其后加印"米芾在当地为官的故事"，观众可亲手转动"虎头灯"，翻看米芾的为官地图。

图 2　米芾字阵

图 3　走马灯

"宝晋斋场景复原"（见图 4）则复原了米芾的宅邸。"宝晋斋"相当于米芾的"工作室"，米芾的大多数作品都是在宝晋斋中完成的。"宝晋斋"无论对于米芾还是对于无为当地市民都具有非凡的意义，故策展人希望通过复原宝晋斋场景，缩短参观者与历史的距离，让观众通过展览可以体验到在米芾家中做客的感觉。

"米癫拜石"（见图 5）是人们耳熟能详的著名典故，更是历代文人津津乐道的士林逸事，其已然成为米芾最具代表性的标签之一。今米芾所拜"石丈"尚存于无为市重点文物保护单位米公祠中。策展人紧紧抓住当代人独特的审美趣味，用"剪影"的艺术表现形式复现了这一"名场面"，并与展览门厅相结合，增强观众的参与感，为观众创造记忆点。

图 4　宝晋斋场景复原

图 5　米癫拜石

五、博物馆"无实物"类型展览策划具体实践

"遇见米芾"展览设计始终坚持以观众为中心,秉持"轻学术""强叙事""多点位""重感官"的理念,进行了"无实物"展览的具体实践,致力于用"轻学术"、富有叙事性的展览文本讲好米芾的故事,用符合当代人审美意趣的艺术装置强化观众的视觉记忆,为观众提供细致入微的感官体验,让观众拥有一个难忘的"逛展"经历。

(一)"轻学术"的展览文本

"遇见米芾"的展览文本"结构轻""内容轻",带给观众的"压力轻"。

首先,"遇见米芾"展览文本"结构轻"。该展以解读米芾为主题,以剖析米芾的个性、经历、艺术为主线。策展人对米芾的人生经历层层剖析,以模块化的思维精简架构,划定了该展览的四条辅线,向观众讲述了米芾的初印象、米芾与无为的关系、米芾的艺术造诣及米芾的继承者。在保证内容饱满的同时,也为观众搭建了简单易懂的故事框架。

其次,"遇见米芾"展览文本"内容轻"。本展对文字内容进行了分层处理,尽可能地减轻观众获取信息的压力。以"遇见米芾"第一单元介绍米芾"改名换姓"为例,策展人将展览文本内容分为显性文本和隐性文本。显性文本是经过凝练总结的关键信息,在控制好篇幅的同时尽可能追求直观浅显,如展览文本中直接告诉观众"米芾是为了掩盖身世才将他的'米'与楚国贵胄的'芈'姓相联系",不做刨根问底的学术性解释。而隐性文本则是对显性文本的延伸和补充,策展人为照顾专业观众,用小号字体解释了"米""芈"是如何相联系的。这样一来,既不影响普通观众的阅读,也能够满足专业观众的需求。该设置在减轻了观众视觉疲劳、心理疲劳的同时,还提高了观众获得信息的质量和效率。如此一来,展览文本带给观众的理解压力便"轻"了不少。

（二）增强展览文本叙事性

博物馆展览的布置类似于电影的拍摄，在没有请到"大咖"的情况下，导演只有拿到扣人心弦的好剧本，才能够创作出优质的电影。所以，在无实物展览缺乏文物展品的情况下，只有策展人编写出叙事性强、引人入胜的展览文本，才能创作出好的展览。在展览文本的编写中使用叙事性的语言，更容易被观众接受。这种方法会让展览更加生动活泼，会时不时让观众眼前一亮，在增加观众亲切感的同时，也进一步激发了观众的参观欲望。

以"遇见米芾"第一单元为例，策展人为讲述米芾的性格和爱好，将学术资料拆分、整理、创作成一段段别有趣味的"小故事"，让观众在观展的过程中自主形成对米芾性格的认识，最终在自己认知的基础上构建出完整的米芾形象。比如，策展人为展现米芾的"好洁成癖"，选择了米芾"发明自来水洗手""洗破官服被贬官""女婿名去尘"这三个小故事，用生活化的、诙谐幽默的语言向观众娓娓道来，这样别开生面的"单元故事剧集"式的叙事方式增强了观众在展览中的参与感，照顾当下观众的阅读习惯，让观众会心一笑，其展览效果比平铺直叙的语言要强得多。

（三）强化观众的视觉记忆

美国著名物理学家兼教育学家弗兰克·奥本海默（Frank Oppenheimer）在1969年创立旧金山探索馆时就提出："博物馆展出的物品的价值并不体现在其本身的材质和构造上，而是体现在观众如何去观察、发现和感受它。只有观众对物品有了最直接的感知，才能让观众形成自然科学和人文科学方面的认知。"❶ 笔者认为，衡量博物馆展览教育效果的关键，是看该展览能否正确地引导观众，激发观众的好奇心和学习热情。换句话说，只有展

---

❶ DACKMAN L. The Aesthetic of Frank Oppenheimer [EB/OL]. (2023-07-18) [2025-04-29]. https://www.exploratorium.edu/sites/default/files/2023-07/aesthetics_of_frank.pdf.

览为观众创造了学习的机会,激发了他们的兴趣,并引发了观众的思考,该展览才具有教育意义。

艺术家偏爱用抽象的符号、夸张的造型来诠释自己的作品,表达自己内心深处的诉求和情感,而观众的理解往往浮于作品表面,很少能够深度解读作品的意味。如何将这些作品的信息转化为通俗易懂的博物馆陈列语言,就成为帮助观众进一步了解米芾的关键。在"遇见米芾"展览中,石像、碑刻、书画固然是审美型展品,能够吸引观众视线,成为观众的"兴趣点",但策展人希望观众能与米芾来一次更亲密的接触。于是,策展人在展厅中为观众设计了数个反映米芾人生轨迹、生活意趣的装置艺术,希望利用年轻人"打卡、出片"的心理,诱导其驻足、拍照、留念,并借此引导观众联系实际,引发思考。比如展览中为表现米芾是一位拥有众多"昵称"的有趣的人,策展人设计了一面"字号墙",将米芾诸多的"字"和"号"进行矩阵化的排列。当观众立于矩阵之下,观察灯光透过字与字的间隙照映在地面上的投影时,就可以感受到米芾"字"和"号"之中的趣味。

(四) 注重观众的情感体验

1992年约翰·福克和林恩·迪尔金合著的《博物馆体验》出版后,"体验"一词便逐渐进入了博物馆人的研究视域。他们通过调查发现,学习知识、接受教育并不能让大部分观众参观博物馆的体验效果达到最佳,而某种特殊的环境、某次有趣味的经历或与家人度过的愉快时光,却能够成为观众对博物馆永久性的记忆。❶ 观众的感官是灵敏的、情感是细腻的,一次亲密的接触、一场奇妙的探索、一次情感的激荡、一场深沉的思考都可能让其心灵感到愉悦,情感得到满足,并成为他们参观博物馆的美好记忆。

在"遇见米芾"展览的策划中,策展人为带给观众一次难忘的博物馆

---

❶ 福克,迪尔金.博物馆体验再探讨[M].马宇罡,戴天心,王茜,等译.北京:社会科学文献出版社,2021:181-203.

参观记忆，在展览文本的编写中紧紧抓住"遇见"这个主题，四个单元层层深入、环环相扣，牢牢抓住观众的心理需求，致力于为观众提供细腻的情感体验。从心理学的角度讲，在日常生活中承受较大压力的人们，总是有逃避现实的倾向。在展览"米芾的为官经历"模块中，策展人就牢牢抓住了当代人"逃避""隐退"的心理，用第一人称的口吻，让观众从米芾的仕途经历中领悟生活哲理。策展人以"米芾的做官地图"为主题，让观众跟随米芾的足迹，由南向北，感受米芾从"南官五年"到"元祐扬名"的艰辛，从"主政雍州"到"书画侍臣"的沉浮，让他们可以从米芾跌宕起伏、流离困蹶的仕途生涯中得到某种人生感悟。

综上所述，"遇见米芾"展览在实践的过程中贯彻了"轻学术""强叙事""多点位""重体验"的理念，不仅以"轻学术"的展览文本减轻了观众的理解压力，还通过叙事性的展览语言增强了展览展示效果。除此之外，展览不仅设置了别具一格的装置艺术形式以强化观众的视觉记忆，还时刻观照了观众的感官体验，为"无实物"类型展览在理论和实践上做出了新的探索和尝试。

"无实物"类型展览是活跃中小型博物馆业务的重要手段，这种展览不仅可在中小型博物馆面对"缺乏文物资源但又急需开展相关业务"的情况时解其"燃眉之急"，也可作为博物馆日常展览的有益补充。但需要指出的是，"无实物"类型展览本质上更倾向于"体验展"，并不能完全取代"实物展"。观众参观博物馆最终还应当回归到对于"物"的观看上，只有透过"物"，观众才能看到历史的痕迹、感悟古人的智慧、领略自身的文化，故"无实物"类型展览只能作为博物馆展览业务的补充，不能成为主体。

浅谈国际交流中的儿童展览

——以中国妇女儿童博物馆为例

中国妇女儿童博物馆　李晓哲　助理馆员

当今世界,各国在政治、经济、科技等方面的联系日益密切,国际文化交流作为增进各国人民之间相互了解、建立友谊和加强合作的重要手段,受到各国的普遍重视。展览是国际文化交流中塑造国家形象、搭建沟通桥梁、增进相互了解的有效途径。因而对外交流的展览不能仅关注文化交流的层面,还应从服务与展现国家软实力的高度和视野,策划展览。❶ 不同展览要达到的目的不一样,发挥的作用也不相同。其中,充满童真童趣的儿童展览,往往能发挥意想不到的效果,增进国际的友好关系,拉近不同国家人民尤其是儿童之间的距离,增强孩子们的文化包容意识和全球视野,为未来国际交往合作奠定基础。本文通过对中国妇女儿童博物馆开展国际交流的儿童展览的分析,梳理了儿童展览倡导儿童主体观念的必要性,探讨了开展儿童展览国际交流的策略和路径,考察了儿童展览在文化交流、促进友好往来方面的意义。

一、展览对象群体的特殊性

说到儿童展览对象群体——儿童,首先要厘清儿童年龄段的问题,不

---

❶　蒋多,庄欣茹.博物馆外交:范式演进下的中国道路及其走向[J].中国海洋大学学报,2023(4):104-111.

同国家对儿童年龄段的限定各有不同,而较多国家的定义采用了联合国的《儿童权利公约》,儿童是指18岁以下的任何人。因中国是联合国《儿童权利公约》的签署国,在我国儿童也是指18岁以下的人。1990年首次世界儿童问题首脑会议提出了"儿童优先原则",这一原则主张"一切为了儿童"。在此之后,"儿童优先"成为我国开展相关工作始终坚持的基本原则。儿童优先原则就是要优先考虑儿童的利益和需求,在资源分配方面,优先保障儿童的基本需求,这一点很多国家达成了共识,可以说重视儿童发展已成为一个国家社会文明进步的重要标志。儿童的生存和发展成为社会生活中被广泛关注的话题。人们越来越重视儿童的独立性,尊重儿童的想法,重视儿童的主体意识。

儿童是一个国家的未来,也是世界的未来。一个国家和社会对儿童的重视程度就体现了它对未来的重视程度,或者这样理解,一个国家对促进儿童发展投入的资源和给予的关注度,决定了这个国家未来的发展程度。儿童的成长和发展直接关系着国家的未来,因而每个国家都会高度重视和关注儿童的发展,儿童在世界各国都是有着特殊地位的群体。总之,儿童的特殊地位,就要求给予他们更多的关爱、教育和支持,为他们创造良好的成长与发展环境。在国际文化交流中的儿童项目,往往得到国家的特别关注和全力支持。儿童展览作为国际交流中儿童项目的重要内容之一,也得到了普遍的关注与重视。

二、展览要体现儿童主体观念

儿童展览就是以儿童群体为受众对象,从儿童的视角出发,根据儿童理解能力来专门设计展览主题和内容,侧重儿童关心的话题和他们的兴趣点,展品的选择与陈列布展要有教育性、体验性和探索性等特点。就是说博物馆在策划儿童展览时,要本着"一切为了儿童"的原则,不断完善面向儿童的展览理念与实践,充分考虑儿童的需求,使展览成为儿童学习的

重要资源，激发其内在的主动性和积极性，促进儿童的全面发展。❶

如何能使展览让儿童喜爱呢？从儿童展览实践经验来看，在将儿童展览选题与展览内容相结合的基础上，最好选择儿童熟悉或者容易理解的元素来进行设计，要挖掘藏品资源丰富的教育内涵，同时辅以儿童可以互动参与的展陈形式。中国妇女儿童博物馆举办的瑞典"'哥德堡号'带我到中国"展览，是一个吸引孩子也适合大人观赏的展览。很多孩子读过《"哥德堡号"带我到中国》的童书绘本，这是儿童比较熟悉的故事，讲述了瑞典男孩雅可布偷偷搭乘"哥德堡号"前往中国旅行的故事。展览就是这个感人故事的视觉呈现，用孩子的视角反映当时海上贸易的盛况和惊险而有趣的海上见闻。❷ 展览框架结构，设计为三部分：①用50幅充满童稚趣味的水彩画，还原雅可布在"哥德堡号"的所见所闻；②用罗盘、平行尺、漏沙计时器等航海工具和海上生活用品，让儿童参与互动；③用"海上丝绸之路"兴盛时期的珍贵文物，加深儿童对"古代海上丝绸之路"的理解。展览推出后，受到孩子们的喜欢和社会各界广泛好评。

通过"'哥德堡号'带我到中国"展览情况的分析，我们可以看出策划儿童展览，既要充分考虑儿童观众的需求，又要突出创新性和特色。首先，需要根据中国妇女儿童博物馆的职能定位和儿童的兴趣，做好展览的选题工作，这是决定一个展览能否受到儿童欢迎的关键一步，这个过程需要大量的调查研究，有必要邀请儿童参与选题过程，倾听儿童的意见。其次，要对展览的结构框架进行研究，如何更好地让儿童由浅入深地进入参观，如何更容易地让儿童理解掌握相关的知识和背景，在充分挖掘展品信息的基础上，用儿童可以理解的方式为他们打开深入学习的大门。这里还要做

---

❶ 周婧景.博物馆儿童教育研究——儿童展览与教育项目的视角[D].上海:复旦大学,2013:498-510.

❷ 陈看.中国视觉化儿童读物发展探析:20世纪后期中国儿童图画书的中外交流[J].艺术市场,2022(9).

到兼顾不同年龄段儿童的需求。再次，策划展览内容时，要注重提炼能够激发儿童好奇心、吸引儿童参与的展览要素。展览的说明文字力求浅显易懂、亲切动人。专有名词和生僻词宜图文结合，以便儿童更好地理解。最后，展览形式要适合儿童参观，展陈高度要对儿童友好，要有趣味性、互动性和体验性，要增强展览的吸引力和沉浸感。❶

从文化传播角度来说，儿童展览要能够简单直观地呈现不同国家和地区儿童的生活方式和文化艺术形式。通过展览，儿童可以了解各种各样的主题内容和多元的文化面貌，这有助于培养孩子们的观察能力和思考能力，激发他们的好奇心和求知欲，有利于拓宽儿童的国际视野，培养他们的文化包容意识。

三、国际交流中儿童展览的策略与实现路径

在当今世界，儿童得到越来越广泛的关注和重视，儿童展览在国际交流中也扮演着重要的角色。有时展览这种看得见、易于理解的形式，可以更直观、更有效、更容易地实现民心相通、童心相连。中国妇女儿童博物馆自成立以来，在儿童展览国际交流方面作出了积极的探索和实践，积累了不少经验，为儿童打开了了解、欣赏和体验不同优质文化的窗口。通过这些展览，博物馆也完成了服务外交大局的国际文化交流任务，从而讲好中国儿童故事，传播好中国声音，展示真实、立体、全面的中国。❷

中国妇女儿童博物馆国际交流的儿童展览主要目的是促进国家之间的友好往来与交流。儿童展览策划要将满足服务外交需要与儿童文化交流相结合，要充分了解对外交流背景下的文化需求，策划的内容与儿童的文化

---

❶ 李峥.儿童策展实践之初探:以儿童博物馆策展为例[D].北京:中央美术学院，2020.

❷ 章文宜,马梅.全球与地方:文明交流互鉴视域下的国际传播探究[J].对外传播，2024(6).

需要相适应。例如，2014年丹麦女王第二次对中国进行国事访问，其时又恰逢安徒生童话进入中国一百周年，中国妇女儿童博物馆和丹麦欧登塞安徒生博物馆合作举办的"魅力永恒的童话力量——安徒生童话进入中国百年纪念展"。安徒生是享誉世界的童话大师，安徒生童话也是丹麦文化的响亮名片，《卖火柴的小女孩》《丑小鸭》等经典名篇在中国更是家喻户晓。展览通过安徒生生前物件的展示，回顾了安徒生一生的经历和成就，展览同时追述了几代翻译家的不懈努力的感人事迹，反映了安徒生童话融入中国社会文化的深度，凸显了安徒生童话对中丹文化交流发挥的桥梁作用。这种跨越时空的交流方式，不仅能够打破地域和语言的限制，让孩子们共享文化盛宴，还能够促进不同文化之间的融合。

"魅力永恒的童话力量——安徒生童话进入中国百年纪念展"展览取得成功的另一个关键，还在于展览主题吸引观众，安徒生童话的经典名篇《卖火柴的小女孩》等进入过我们的课本，成为几代人的深沉记忆，因而通过对展览主题和目的的准确把握，中国妇女儿童博物馆将观众熟知的事情转化为了展览内容，更容易引起情感共鸣。可以这样理解，在策划国际交流的儿童展览时，博物馆不仅要注重内容的创新转变，更要注重将外来优秀文化与本土文化相结合，这也是推动儿童展览进行国际交流的有效策略。

为了达到展览国际交流预期的目标和效果，有些展览策略值得一提。故事性展示的策略，一个好的儿童展览能够讲述一个十分有趣的故事，如"'哥德堡号'带我到中国"展览，就是将历史和科普知识等融入一个引人入胜的故事中，引起了儿童的兴趣和好奇心。还有利用现代科技新应用类的策略，在中国妇女儿童博物馆举办过来自加拿大多伦多国际电影节的"奔向未来——儿童数字化游乐空间展"，该展览让儿童感受最新数字的应用技术。在此仅抛砖引玉，还有很多策略经验值得学习。

儿童展览国际交流除要有适用的策略外，还要有必要的推进路径。一是在国家外交或文化相关主管部门支持下，与相关国家或地区开展展品征集与筛选活动，征集儿童绘画、手工、摄影、文字等体裁的作品，筛选优秀且具有代表性的作品参加展览，来自不同文化背景的儿童作品在同一展览中展示，能够为儿童提供丰富的创作素材。如在中国妇女儿童博物馆举办的"儿童眼中的世界"上海合作组织国家儿童画展，就是由相关国家文化部门负责组织征集筛选儿童作品，再由中华全国妇女联合会牵头组织完成首展的。二是与国内外的教育机构、艺术学校和儿童组织等建立合作，共同推动展览的筹备和开展。如"展望世界"莫斯科创意作品展，由北京—莫斯科友好姐妹城市的文化机构牵头，组织俄罗斯儿童创作创意作品，与中国妇女儿童博物馆共同策划并完成展览。三是寻求国际文化交流机构、大使馆等方面的支持与合作，通过选择代表性、多样性和趣味性的作品来参加展览。比如，在中国妇女儿童博物馆举办的"感悟生活中的艺术——来自法国儿童的创作"展览，就是由法国大使馆牵线，展出法国奥塞尔市政府与艺术家合作组织的工坊创作的儿童作品，作品形式包括摄影剪辑、绘画、剪贴画和动画短片等，体现了儿童对艺术创作原材料的巧妙选取，以及灵活多变的艺术处理形式。❶

上述我们实践过的路径，多得到了文化外事机构的支持与配合，还有其他一些路径可探索，要积极拓展国际交流中的儿童展览实践路径，使不同的优秀文化得以传播，让儿童能够直观地感受和了解其他国家的文化、价值观和生活方式，这有助于培养儿童的跨文化意识和包容精神，减少文化隔阂，增进不同文化间的理解。

四、儿童展览在国际文化交流中的重要意义及办展建议

近年来，中国在国际交流中越来越多地使用了"软实力"这一概念，通过国际文化交流活动构建国家形象。博物馆逐渐成为国际交流中的重要角色，能够在国内外文化传播中发挥重要作用。而儿童展览相较一般展览更注重文明交流互鉴的藏品展览。它不仅是文化交流中的重要桥梁，也是

---

❶ 陈新宇."一带一路"倡议下的博物馆外交研究[D].沈阳:辽宁大学,2022:40-45.

促进不同国家儿童了解多元文化的平台与窗口。❶

总的来看，国际交流中儿童展览有以下方面意义。

一是通过儿童展览更易于开展国际交流合作，因为儿童优先原则在世界各国都是被重视的基本原则，涉及儿童的主题活动都会得到关注和支持，另外儿童展览具有易操作、筹备周期短、场地要求不高、易获得普遍支持的优势。

二是儿童展览作为国际文化交流的一个渠道，有助于增进各国之间的相互了解，尤其是在孩子们的心中留下难忘的记忆。

三是有利于外国通过儿童展览，了解我国的文化传承和儿童积极向上的精神面貌，发挥"软实力"的作用。例如，2024年金砖国家女性工商联盟代表团到中国妇女儿童博物馆参观"艺润童心　美育新人"儿童画展时，巴西代表看到了中国儿童画作中有大量关于未来科技发展的富有想象力的作品，提出将这些作品送到巴西展出，希望巴西儿童能够了解中国孩子充满未来畅想的童趣童真，展览让观者切换到儿童视角看待未来科技发展，从儿童的创意中得到启发。

四是通过儿童展览交流活动，学习先进的儿童教育理念，借鉴儿童展览好的策展经验，引进儿童友好的新技术与新举措。

五是有助于增强民族自豪感，这在多国联合举办儿童艺术展中表现得最为突出，儿童艺术作品呈现的非凡想象力和国家社会发展的愿景，能强化儿童的民族自豪感。

六是儿童展览具有服务外交工作的作用，对扩大中国在国际社会的影响力具有独特而积极的作用，可以这样说，儿童展览柔性的穿透力更强。如由全国妇联主办、中国妇女儿童博物馆举办的"'儿童眼中的世界'上海合作组织国家儿童画展"，上海合作组织相关国家儿童用手中的画笔，描绘

---

❶ 韩诩玲.提升我国博物馆对外展览对策研究[D].上海:复旦大学,2011:1-5

出了他们对自然、对家庭、对国家的爱，表达了对友谊、对人类美好未来的向往，这些作品在孩子们幼小的心灵中播下了友谊互信的种子。展览也得到了上海合作组织相关国家外交、文化部门的重视，他们积极组织了儿童绘画作品展，并进行宣传以扩大展览的影响力，从而发挥了展览服务外交的作用。

当然，儿童展览的国际交流也存在有待提升和完善之处，需要从长期规划入手，打造主题鲜明的系列展览品牌，不断拓宽展览的交流渠道，强化博物馆文化传播人员的跨文化意识，深入发掘具有优秀儿童文化价值及内涵的展览，创新内容、形式和传播手段。根据近几年中国妇女儿童博物馆开展儿童展览国际交流的经验，儿童艺术展览一直是开展国际交流合作的重点项目，建议把儿童艺术展作为一种推动国际交流的重要手段。儿童艺术展作为一种特殊的文化交流形式，能为不同国家和地区的儿童提供展示、分享创意和互相学习的平台，内容、创作形式和规模方面的限制较少，且不需要长期复杂的组织规划与磨合沟通，合作的对象、方式及文化接受度方面要求较低，不容易受各种因素的影响，即使与我们处于不同发展阶段、不同文化背景的群体，对儿童主题艺术活动也会有很强的包容性，不会出现文化上的碰撞与冲突，能有效提升国家及博物馆的影响力。❶

总之，国际交流中的儿童展览对不同国家的儿童群体成长、多元文化交流及教育进步都具有不可忽视的重要意义。展览策划应跟上时代的步伐，要在国家外交与提升文化软实力方面充分发挥作用。儿童展览不仅能丰富不同国家人民的文化生活，也能为各国儿童之间建立友谊和相互理解提供坚实的基础，在互学互鉴中推动全球文化的共同进步和繁荣。❷

---

❶ 魏婷婷.博物馆对外文化交流展览运作模式研究[J].文物鉴定与鉴赏,2021,6(下):125.

❷ 蔡杰.浅析国际背景下跨文化交流的博物馆展览策展方法[C]."博物馆与中国特色话语体系构建"学术研讨会论文集,2020:80.

市、县两级博物馆国际交流展览策展实践
——以"邂逅——中德艺术交流展"系列展览为例

南宁市博物馆 周梅清 研究馆员

2008年,国家颁布了《全国博物馆评估办法》(试行)、《博物馆评估暂行标准》,"博物馆定级评估"工作正式启动,相关部门先后组织开展了"博物馆定级评估""一二三级博物馆运行评估""非国有博物馆运行评估"等工作,从综合管理与基础设施、藏品管理与科学研究、陈列展览与社会服务等三大版块对博物馆的定级和运行进行评估,这使博物馆界"初步形成具有中国特色的博物馆质量评估体系,为规范博物馆行业管理,推进博物馆事业高质量发展,服务社会主义文化强国建设做出了积极贡献"。[1]在《博物馆定级评估标准》中,对国家一级博物馆的定级评估和运行评估设定的标准都比较高,在"陈列展览与社会服务"中设定了评估一级博物馆影响力的一项标准:"经常举办出境展览或引进外展",这一标准体现在"评分细则计分表"中,具体的计分标准为"每年独立或牵头举办进出境展览5个(含)以上10分,2个(含)以上6分,1个(含)以上3分"。从这里可以看出,举办国际性展览的数量越多获取的分值也就越高,对定级和保级也就越有利,因而策划出入境展览成为国家一级博物馆"保级"中重要

---

[1] 李晨,耿坤,顾婷.中国博物馆评估工作回眸:2008—2021[J].中国博物馆,2021(1)增刊:2-10.

的业务工作之一。

2008—2024年，国家已经开展了五个批次的博物馆定级评估工作，共评出327家国家一级博物馆。据不完全统计，国家一级博物馆中，属市、县两级博物馆的180余家，占总数量的55%以上。占据半壁江山的市、县两级博物馆，要想在三年一评的国家一级博物馆运行评估中继续保住级别，策划出境展或引进境外展已然成为常态化的工作任务，因为运行评估"采取末位淘汰制，保持竞争状态，让级别牌子不是一劳永逸"。❶ 但在现实的运行中，市、县级博物馆因经费预算有限、专业人才短缺、展出条件不符合要求、安防消防不达标、藏品特色不突出等诸多因素的限制，很难承担得起境外文物展览高昂的费用或自主策划出境文物展览。

南宁市博物馆于2016年免费对外开放，2024年被评为国家一级博物馆。从开馆之初，南宁市博物馆就开始逐步完善临展体系，经过多年不断实践，基本上构建起了"讲述地方故事，传播中华优秀文明，展现世界文化多样性"系列展览主题架构。在国际文化交流方面，先后与俄罗斯、德国、泰国等国家进行多层面的文化艺术交流与合作，策划了一系列国际艺术展览，如"唯美无界——当代朝鲜油画精品展""一带一路艺术行——俄罗斯油画名家邀请展""邂逅八千里——中德艺术交流展"（以下称"中德艺术交流展"）等。尤其是"中德艺术交流展"，自2022年开始筹划，2023年正式实施，已连续成功举办了两届，在展览的策划、实施、延伸等方面进行了积极有益的探索。现就该展探索性的做法进行粗浅探讨，希望能为市、县两级博物馆策划国际交流展览、国家一级博物馆运行评估等提供新思路和经验借鉴。

---

❶ 邹波平.由基层博物馆评估定级所引发的思考[J].今日中国论坛,2013(10)：190-192.

一、策展模式

（一）展览主题：当代艺术

展览主题是对展示内容核心思想的凝练，是展览的灵魂所在，更是展览要实现服务于公众的初衷和惠民教育终极目的的最直接体现，因而，展览主题的好坏直接关乎展览的效果与影响。所以，展览主题的选定至关重要，应在策划之初确定，把握好展览的思路和方向，因为"展览主题的确定既是博物馆陈列展览筹备工作中的重点和难点，又是焦点和亮点"[1]。与国外机构、国内代理机构合作策划，或引进知名度高、影响力大的入境文物主题展览在国内比较常见，但此类展览需要投入的成本较高，且展出场地要求严格，高昂的展览费用往往让市、县两级博物馆望而却步，这就需要市、县两级博物馆跳出现有的策展方式，拓宽思路，找到新的策展方向。

南宁市博物馆成立的时间比较晚，馆藏品并不厚实，开馆后我馆将丰富馆藏量作为主抓业务之一，通过"以展促藏"的方式收藏了将近1 000件（套）现当代国内外艺术作品，包含了绘画、摄影、书法、工艺美术、雕塑等品类，使馆藏品在短期内形成体系的同时，在当代艺术类主题展览的策划上也积攒了一定的成功经验。因而在策划国际文化交流展时，策展团队立足于自身的发展定位，跳脱出对文物主题展览的固有认识，以现当代艺术为切入点，以艺术家为主线，展现不同国家的艺术风格和艺术成就，使展览成为"民相亲、心相通"的"文化大使"，以此加深不同文化之间的交流与理解。与此同时，展览以现当代艺术为主题，不但可以节省高昂的文物借用费、保险费和运输费，更为重要的是艺术领域比较广，还可以为后续的策展提供源源不断的主题类型。

---

[1] 王朋.科普展览提炼主题的实践——以深圳博物馆"候鸟的秘密"展览为例[J].艺术品鉴，2024(6)：127-130.

（二）策展理念：写生+展览

博物馆是传承和展示人类文化遗产的重要阵地，致力于将珍贵的文化遗产推向更广泛的公众视野中。市、县两级博物馆作为地方性博物馆，更应肩负起展现、传承、弘扬地方文化的重任。尤其在展览对外交流上，既需要"请进来"，也要能"走出去"，实现双向互动、双向赋能。基于这样的共识，策展团队在策划"中德艺术交流展"时，首先考虑的是要采取哪种方式可以让市民既能在家门口就能欣赏不同国家的艺术创作，又能借助国外艺术家及其创作宣传和推介南宁及南宁文旅资源。

采风写生是艺术创作重要的过程，能够让艺术家通过人文采风和现场写生等形式，从独特的视角将所见、所感淋漓尽致地表达在创作中。采风写生活动可以让艺术家深入了解当地的自然人文景观和人民生活，又可以让艺术家创作出符合需求的主题作品，解决策展团队的顾虑。因而，"中德艺术交流展"跳出借展的常规做法，采用"写生+展览"的方式。第一阶段组织艺术家到广西有特色的地方进行采风写生，采风写生活动结束后进入第二阶段的创作，创作成果最终以展览的形式呈现，即"中德艺术交流展"。从已举办的两届"中德艺术交流展"来看，该方式深受艺术家的青睐，他们渴望能深入民间，了解更多的风土人情，将所见所闻与亲朋好友分享。据德国艺术家反馈，此活动在德国柏林艺术界引起了极大反响，大大地提升了南宁市博物馆和南宁城市的形象。

（三）展品来源：现场创作+代表作

展品是展览展示的根本和依靠，在展览中具有不可替代的主体地位。展览要讲好故事，事实上就是让展品讲出好故事。在一个展览中，要做出好展览，展品的挑选和确定至关重要。上文提到，"中德艺术交流展"采用"写生+展览"的方式，展品主要来源于艺术家的写生作品和代表性作品。两届"中德艺术交流展"均组织来华艺术家和中方艺术家在广西境内较为知名的人文风景名胜区收集创作素材，如在南宁市、横州市、宁明县、大新县、上林县、三江县等地进行采风创作，参观南宁市博物馆、南宁孔庙、广西壮锦博物馆等。经过现场创作，后期又加工，共有57幅反映南宁及广西奇山秀水、风土人情的写生作品成为展览的展品。写生型展品虽然具有见效快、目的性强的特点，但一幅好的作品需要时间来构思和创作，相对而言，代表性作品更能突显艺术家的专业性和独特性，艺术价值也更高，因为代表性展品是艺术家不同艺术时期和艺术风格的典型作品，可以满足公众对高质量艺术展览的需求。两届"中德艺术交流展"的展品，除写生作品外，还有艺术家在德国和中国创作的最能反映其艺术水准的代表作166件（套），与写生作品共同构成了展览的核心要素——展品。

（四）展示手法：并置对比

在博物馆展览中，展厅是展示展览主题的空间和展示内容的场所，通过展陈空间设计，营造"场所"环境，"将'场所'渲染出所需要氛围来烘托展陈设计的整体感受是不可或缺的环节"。❶"中德艺术交流展"的初衷是满足艺术家之间艺术思想的碰撞，实现文化的交流互鉴。通过展览使观众可以从中感悟到中外艺术的差异，增加文化上的共鸣与相互理解。这就要求，"中德艺术交流展"应突破常规的展示手法，营造愉悦的参观氛围和宽广的想象空间，将展览内涵的多元性、多样性呈现出来，引导观众多看、多动、多想，从"看得清""看得懂"的基础层面提升到"有收获""受教育"的理解层面，从而实现展览的最终目的。基于这样的考虑，"中德艺术交流展"采用并置对比的展示方式，注重观众的"第一"感知，让观众能够直观接受和感受不同文化背景下艺术作品的表达。

2023年举办的首届"中德艺术交流展"，参展的艺术家一共11位，其中德国的艺术家6位，作品包含了摄影和绘画；中国艺术家5位，来自绘画、雕塑、陶艺等艺术创作领域。在展览的呈现上，将德方三位艺术家的

---

❶ 孙津原.地域性文化在博物馆展陈空间设计中的应用研究——以贵州省博物馆新馆为例[D].贵阳：贵州大学，2017.

绘画作品与中方两位艺术家的绘画作品同置于一个区域，形式设计上把这个区域的空间形状设计为类似左右颠倒的"引"字，"丨"形展区展出中方两位艺术家的共 19 幅国画和水彩画，"弓"形展区展出德方三位艺术家共 27 幅油画和丙烯画。在该展区，观众既可以按照动线的设计，欣赏中方的艺术作品后再观看德方的艺术作品，也可以自由选择参观，还可以静立于动线上任何一个点，感受来自左右两侧不同国度艺术作品的视觉对比。置身于这个展区的观众，被包围于不同风格的艺术氛围中，完成独属于个人的参观体验。

二、展览成效

（一）双向互动的社会效益显著

博物馆属于公益性的文化机构，通过藏品、展览、活动等向公众提供科学研究、参观学习、社会教育、休闲娱乐等社会服务，并获得社会效益，为社会及其发展贡献博物馆的力量。当然，随着现代博物馆的发展，在优先公益性的前提下，国家和地方从不同层面鼓励博物馆适当发展"文博经济"，用其产生的经济效益"反哺"博物馆事业的发展。但无论如何变化，为社会传播优秀文化，实现公益性的社会价值是博物馆的核心职能。

评价展览的社会效益，最直观的标准是观众的口碑。在新媒体时代，个人倾向于通过新兴的媒体分享所见、所闻、所想、所感，这种分享同样适用于观看展览。在小红书或抖音上输入"中德艺术交流展"，不少观众在平台上推送，并表达了对展览的期待与看法，从这些内容中也可以窥探展览所取得的社会效益，如"特意带上去年的单色章来和今年的套色章一起合影留念，这次又重新欣赏了艺术家的作品，常看常新""这个系列如果能继续办下去就好了，每次都展出很多有意思的作品，今年加入了一些'80后''90后'年轻老师的作品，相当有意思""下午和朋友一起来参观了南宁博物馆的中德艺术交流展，很开心，可以看到不一样的艺术碰撞""已看过两次了，希望今后还有更多类似的精彩展览"等。虽然也有一些不同的声音，如"欣赏不来的老外艺术""最后，欣赏不来部分西方艺术家中西混合的表达方式"等。不管是褒扬还是批判，展览得到了观众的关注，并让他们能够持续关注下去，这就达到了展览教育传播的目的和交流互鉴的初衷。同时，展览在德国柏林艺术界引起了极大反响，从第一届组织艺术家来华困难重重转变为艺术家主动申请要求来华，就连柏林艺术家协会也主动加入展览的策划中，中德双方艺术互动的成效逐步凸显。

（二）有效提升海外艺术品的收藏

藏品是博物馆的立馆之本，决定着博物馆的性质与发展，原创展览的策划大多依托于丰富的馆藏品，因而开展藏品征集是博物馆履行基本职能的常态化工作。南宁市博物馆在2017—2023年通过"以展促藏"式展览，获得社会捐赠藏品803件（套），年均110余件（套）。"中德艺术交流展"参照"以展促藏"式展览的成功经验，不只是"为展而展"，我馆在为观众提供多元化文化互鉴的同时，也在积极探索拓展海外艺术品收藏的模式。展览结束后，每位国外艺术家向南宁市博物馆无偿捐赠2~5幅作品。截至2024年已举办了两届"中德艺术交流展"，共有14位德国艺术家参展，这些艺术家向南宁市博物馆捐赠了53幅作品，其中绘画24幅，摄影29幅。虽然我馆目前的收藏类型还较单一，只有绘画与摄影，但随着展览举办次数的增多，将逐步扩展收藏种类，构建起海外艺术品收藏体系。

（三）创建对外文化交流展览品牌

树立产品品牌，提升品牌价值，并长期营销产品。陈列展览是博物馆的核心业务之一，通过"围绕展品研究、文化传播进行的高质量文化创造"[1]，向公众提供有特色和有竞争力的文化产品。"中德艺术交流展"每年定期举办，组织德方艺术家到国内进行写生创作后举办展览，或组织中方艺术家赴德参展，同步实现"中—德"双向互动、双向赋能的展览效应，

---

[1] 任舸,黄晓枫.与城市共生的博物馆展览品牌塑造:城市博物馆展览策略解构[J].文物天地,2022(S1):10-16.

已成为南宁市博物馆"月月有新展,季季有大展"临展体系中重要的展览名片,在对外文化交流中发挥了重要的桥梁作用,并借由展览的品牌效应有效提升了城市的知名度和吸引力。

(四)推动展览的无限延伸

博物馆开展国际文化交流的重要性和必要性愈发凸显。就举办展览的意义而言,推动展览的无穷延伸,延伸出无限重构的可能,以提升展览的当代价值与影响力,从而大大增强展览传播的广度与深度,是新时代对博物馆策划展览提出的新要求与新使命。因而,"中德艺术交流展"设法延伸展览,达到展览有限空间的无限延伸。借助展览的举办,南宁市博物馆与德方合作,成功举行了两届"跨文化艺术"学术研讨会,以探索不同文化背景下交流合作的可能性;促成了广西艺术院校与柏林艺术家协会的学术交流;通过艺术家及合作方向,柏林宣传推送了广西的文旅资源,并把六堡茶、茉莉花茶、沃柑等广西特色产品推介到了欧盟市场,彰显了展览对经济发展的有效带动作用,助推了文旅产业高质量发展。成功实施了两届的"中德艺术展"在德国甚至欧洲引起了强烈的反响,不但促成了"中德艺术交流展"系列回顾展于2024年9月在柏林F200美术馆展出,实现了"南宁—柏林"的双向交流,而且俄罗斯、法国、波兰等国家的博物馆也纷纷伸出了"橄榄枝",有意向与南宁市博物馆开展展览合作。比如,2025年南宁市博物馆计划引进法国坎佩尔艺术博物馆的油画展,南宁市博物馆自主策划的"红陶艺术展"赴俄罗斯艺术科学院博物馆展出,展览的国际传播力和影响力一直在持续辐射和延伸。

三、结语

市、县两级博物馆是建构类型丰富、主体多元、普惠均等的现代博物馆体系的重要组成部分,其数量占据国家一级博物馆的半壁江山,在如何实现博物馆可持续、高质量发展的道路上不断探索与尝试,以期探寻出适合自身定位的发展模式。南宁市博物馆立足于本馆的特色与优势，通过"以展促藏"方式策划对外交流展览，在带给参观者别开生面的文化体验，潜移默化中促进国际文化交流的同时，又可以不断丰富馆藏品，逐步构建起完善的海外艺术品收藏体系。更为值得关注的是，展览双向输出所带来的国际传播力和影响力，间接实现了社会效益与经济效益的"双赢"，创新了对外文化交流的合作模式。

博物馆国际交流路径探讨

孔子博物馆　程丽琦　馆员

习近平总书记在党的二十大报告中强调：坚守中华文化立场，提炼展示中华文明的精神标识和文化精髓，加快构建中国话语和中国叙事体系，讲好中国故事、传播好中国声音，展现可信、可爱、可敬的中国形象。加强国际传播能力建设，全面提升国际传播效能，形成同我国综合国力和国际地位相匹配的国际话语权。博物馆是国家文化软实力的重要组成部分，是扩大中华文化国际影响力的金色名片。作为中华文明的集中展示场所，博物馆在促进人类文明交流互鉴方面起着重要的作用，加强博物馆国际交流传播能力建设，对于讲好中国故事、传播好中国声音，展现可信、可爱、可敬的中国形象，推动中国文化更好走向世界，不断提升中华文化的影响力、传播力有着重大意义。

一、加强博物馆国际交流能力的必要性

（一）为建构国家形象发挥主体作用

作为国际舞台上的一分子，我们无法避免被"他塑"。博物馆作为展示一个民族过去、现在、未来的特定场所，它向人们展示着一个国家是如何看待自己的历史与文化及其他民族的历史与文化的。2023年，大英博物馆重磅推出"中国的隐秘世纪（1796—1912）"展览及同名书籍。针对该展览，夏春涛、崔志海评价其"持错误的历史观，回避甚至美化罪恶的帝国

主义侵华史，片面强调西方冲击对中国产生的所谓'正面'作用，同时深受'新清史'影响，在涉及中国边疆和民族问题时，曲解中华民族多元一体格局和中华文明统一性的突出特性。在论及具体史实时，也多有常识性错误"。❶第二次世界大战之前，一位当代中国观众参观大英博物馆的东方展厅时写下如下评论："对东方的好奇和贪婪深深地植根在欧洲人的心中，在大英博物馆中可以看到许多来自中国、印度、日本、朝鲜（韩国）的珍宝……我认为中国展品布置得有些零散，虽展示了中国文化的各个侧面，却缺少历史的线索。贵妇的凤冠和西藏的佛冠离得不远，陶瓷的罗汉、象牙的八仙与双修的金刚济济一堂。总觉得很奇怪。"❷可见，在这100多年的时间里，国外策展人或因缺乏相关历史知识，在用中国文物讲述中国历史时仍不可避免地陷入"西方中心论"，无法客观、准确地讲述中国历史，展示中华文明的特性。为了对"他塑"中存在的误解、偏见给予回应和纠正，就要求我们从各方面增强"自塑"能力。博物馆，作为塑造国家形象的主体之一，要牢牢把握叙事主动权，加强国际交流能力建设，促进文明交流互鉴，更好地向世界展示真实、立体、全面的中国形象。

（二）承担新形势所赋予的新使命和新任务

2021年5月24日，中央宣传部、国家发展改革委、教育部、科技部、民政部、财政部、人力资源社会保障部、文化和旅游部、国家文物局联合发布《关于推进博物馆改革发展的指导意见》。该意见明确提出，实施中国特色世界一流博物馆创建计划，重点培育10~15家代表中国特色、中国风格中国气派、引领行业发展的世界一流博物馆。该意见印发后，国内各大博物馆纷纷把"创建中国特色、世界一流博物馆"作为发展目标。创建中

---

❶ 夏春涛,崔志海.被扭曲的史观与史实:评大英博物馆展览《中国的隐秘世纪（1796—1912）》[J].近代史研究,2024(2):4-12.

❷ 大英博物馆之东方文明与伊斯兰[EB/OL].[2024-3-5].http://www.360doc.com/content/18/0301/23/33604672_733553194.shtml.

国特色、世界一流博物馆需要在学术研究、陈列展览、文化服务等方面具有国际影响力，博物馆需要全方位提升国际交流水平，提高国际传播能力，加大与国际博物馆之间的交流与合作，形成多层次机制化对外合作交流格局，提升国际话语权和影响力，为全球博物馆发展贡献中国智慧、中国方案。

（三）为全球文化交流和相互理解提供支持

《文化遗产与人权》一书中指出，文化遗产既可以作为各自文化的代表，也可以作为全球文化共同体的一部分，促进国家之间的对话和交流。❶人类学家雪莉·艾琳顿指出："对话和交流创造新事物……当一件物品进入一所新机构时，这件物品的意义可能会发生变化，从而变成一件新事物。"❷当一件文物在全球范围内展出时，它就为全世界的观众提供了一个理解多元文化和跨文化交往的契机。这不仅可以加深人们对文物原生文化的理解，也为文物的研究和保护带来了新的可能性。例如，1976年秦兵马俑考古发现首次在海外巡展，引起轰动。时任法国总理希拉克（Jacques Chirac）在1978年参观兵马俑后评价道："世界上有七大奇迹，秦俑的发现可以说是第八大奇迹。"这一表态被国际媒体广泛引用，后来"第八大奇迹"逐渐成为兵马俑的代称。兵马俑成为了全人类的宝贵财富。因此，提升博物馆国际交流传播能力建设，可以让全世界人民有机会近距离地了解其他文化，为人们了解多元文化提供了窗口。

二、博物馆在国际交流传播方面存在的问题

（一）缺乏顶层设计

顶层设计是总体规划的具体化，要实现资源共享，信息互联互通，加

---

❶ SILVERMAN H, RUGGLES D F. Cultural heritage and human rights[M]. New York: Springer, 2007.

❷ GOLDING V, MODEST W. Museums and communities curators, collections, and collaboration[M]. London, New York: Bloomsbury Academic, 2013.

快实现总体规划部署，需要以具有可执行性的顶层设计为指导。从国家层面来看，自改革开放以来，我国对于博物馆方面的总体规划逐渐成熟、体系化。王雯璐在《改革开放以来我国博物馆政策变迁研究》一文中，利用NVivo12质性分析工具对我国改革开放以来出台的有关博物馆工作的230项政策进行了分析，并对这230项政策的整体特征进行了可视化呈现，数据显示我国博物馆政策数量自改革开放以来总体呈上升趋势，特别是2015年以来政策数量增长迅速。❶ 虽然博物馆工作方面的总体规划逐渐完善，但是规划的"具体化"实现政策指导仍存在较大短板，尤其是至今尚未出台过一份专门针对加强博物馆国际交流合作方面的指导性公文或规划性文件。从博物馆内部建设来看，受经费、政策、人才等各种因素影响，很多博物馆并未在加强国际交流传播方面制定战略性的规划，也未设置与国际交流合作相关的机构。涉及外事、外展等工作需要馆外团队来运作，这不仅加大了博物馆的经费负担，也导致常会出现与馆外团队产生合作纠纷等，增大了博物馆的运营风险。

（二）外语服务有短板

外语人才对于推动博物馆国际交流传播能力建设起着至关重要的作用。博物馆国际交流传播涉及方方面面，学术研究、陈列展览、社会教育、媒体宣传、数字化建设、文创合作、公共服务等都需要大量的外语人才支撑。当前，大多数博物馆外语讲解员数量仍然占比较低，甚至没有外语讲解员。而很多引进外语人才的博物馆往往也是"只引不育"，对相关人员缺乏相应的语言能力及业务能力培训体系，导致很多博物馆的讲解工作人员都停留在"可以讲"的阶段，距离达到能讲国际人士"听得到、听得懂、听得进"的话，进而通过国际人士再做二次传播的能力还有一定差距。而在发挥外语人才作用提升公共空间外语服务水平方面，很多博物馆都未建立文物史

---

❶ 王雯璐.改革开放以来我国博物馆政策变迁研究[D].曲阜:曲阜师范大学,2023.

料和研究成果对外翻译的长效机制，博物馆的官方网站、馆藏文物、宣传手册等都缺乏多语种服务，无法满足国际受众的需求。

（三）交流传播路径单一

2019年以来，中国文物交流中心联合文物交流智库、瞭望东方周刊、中科智库研究院等文博智库类研究机构连续推出《全国博物馆（展览）海外影响力评估报告》（以下简称《报告》），从2019—2023年的《报告》来看，近年来位居博物馆海外综合影响力前十的博物馆如故宫博物院、上海博物馆、中国国家博物馆一直致力于开辟新的交流路径，从学术交流、媒体合作、技术创新、馆际合作交流等方面进行发力。但从《报告》披露的数据来看，除了这些大型博物馆，当下我国大多数博物馆在国际交流传播方面还没有太大的作为。对于推动自身融入国际大舞台，大多数博物馆采取的方式是签署备忘录、引进国外展览等单一的方式。在立足自身馆藏文物资源、打造具有国际影响力的特色展览方面，各大博物馆缺乏具有国际视野的高素质策展团队；在提升博物馆国际传播力方面，博物馆面临着技术短缺的问题；在媒体合作方面，缺少与海外媒体合作渠道，无法建设海外传播新阵地；在提升国际话语权和影响力方面，受限于学术科研能力，无法承担国际会议或参与到国际学术研讨会中；在开展社会教育方面，大多数博物馆缺乏打造双语社教课程的意识，没有积极利用周边学校国际学院的资源，主动走出去，为国际留学生输送社会教育课程等。

三、博物馆国际交流传播路径探讨

（一）加强顶层设计

政府层面，应以深化博物馆改革为契机，加大对博物馆国际交流能力建设的重视程度，如在博物馆评估指南中提高对外合作交流的权重，将博物馆外语讲解员配备比例作为硬性考核指标，在海外文物征集、学术交流、联合策展、人才培养等方面赋予博物馆更大的自主权，为博物馆开展对外文化交流、提升国际交流传播能力建设提供遵循和政策保障。博物馆层面，作为总体规划的践行者、执行者，在忠实践行自身主要使命的基础上，可以适当发挥主观能动性，创造性地阐释、践行公共政策内容，转变博物馆发展理念，发挥自身资源优势，将开展国际交流合作纳入自身总体规划并制定具体实施细则，制定博物馆国际化发展战略，以开放共享作为基本原则，从学术研究、藏品征集、陈列展览、社教课程设计、媒体宣传、文创产品等多个方面制订战略性计划，探索实施国际交流合作项目，为国家制定指导性意见提供基层实践经验。总之，提升博物馆国际交流传播能力建设需要政府部门和博物馆共同努力，才可以实现顶层设计和基层探索的良性互动、有机结合。

（二）加强人才队伍培养

要提升博物馆国际交流传播能力，先要提升人的国际交流传播能力。首先，积极引进多语种外语人才，完善馆内人才结构，依托周边高等学校或战略合作单位等相关机构，通过研修培训、学术交流、项目资助等方式，制订双向人才培养计划，健全语言能力及业务能力培训体系，全面打造一支语言能力过硬、业务能力突出的国际交流人才队伍。其次，要让人才走出去，积极探索与周边国家的人才培养合作机制，拓宽从业人员的国际视野。加强与周边国家博物馆或学术机构的人才培养合作，可由近及远地与周边国家探索设立专业人员国际交流项目，签订合作协议，进行教育宣传活动、学术交流活动，以及在文物保护技术和专业人才培养等方面深层次的交流。最后，让外语人才队伍发挥作用，培养外语讲解队伍，弥补外语讲解服务空白，同时完善外语讲解考核机制，不断提升外语讲解服务水平。建立文物史料和研究成果对外翻译的长效机制，组建翻译团队，对官方网站、导览器内容、宣传手册、出版读物、展览说明牌及研究成果等开展常态化翻译工作，实现馆舍公共空间外语全覆盖，满足不同国家和地区观众的参观需求。

(三) 提升策展水平

一方面，展览内容要体现自身特色。博物馆在策划展览时，要精准提炼出馆藏文物中能清晰突出中华文明连续性、创新性、统一性、包容性、和平性的藏品，用博物馆的语言讲述中国历史，展示中国形象。另一方面，要融入全球价值体系。要立足馆藏文物资源，挖掘蕴含其中的超越时间与空间的文化价值，以跨文化传播视角，精心策划展览内容，创新展览阐释和叙事形式，打造中国故事、国际表达的主题展览，展示人类文明，展示全人类共同价值，为构建人类命运共同体贡献博物馆的力量。此外，展览方式要灵活。受经费影响，很多地方性博物馆在策划外展方面存在很大的困难。全国博物馆应坚持一盘棋的工作导向，采取"以大带小"的发展策略。故宫博物院、中国国家博物馆等这些具备资源优势的博物馆在对外展览中可以向地方性博物馆征集主题相关的藏品，增加地方性博物馆及其藏品的国际曝光率，以点带面提升地方性博物馆的影响力。

(四) 提升媒体传播力

"传得开""叫得响"的"大流量"产品一定是有内涵、有深度，能够引起共情的。首先，博物馆在利用新媒体进行内容传播时要做好内容阐释，要加强对馆藏文物的研究，确保研究内容的真实性、准确性和科学性，做好文化网络传播普及的"把关人"。其次，要学会讲故事，要深挖文物背后的故事，用现代的语言讲好古老的历史，挖取能体现人类共同价值取向的元素，将文物、历史、文化、情感等多种元素紧密结合起来，增加内容的情感价值，引起观众的共情。最后，要积极主动拓宽传播途径，除了与主流媒体建立协作机制，也要有意识地培养自己的宣传团队。网络时代，人人都是"麦克风"，博物馆要充分发挥馆内青年人才的创造力与想象力，组建对外宣传青年团队，制作精短小视频，投放海内外媒体，建设海内外媒体传播体系，形成新媒体传播矩阵，提升博物馆海内外影响力。

（五）创新文化服务形式

展览是静态的，博物馆如何以动态的形式向世界展示中国形象，这是一个值得思考的问题。一方面，博物馆要突破思维框架，打破博物馆场地限制，充分发掘馆藏文物资源中跨越时空、超越国度的美学价值、思想价值和外交价值，创造音乐、诗歌、舞蹈等多种动态的艺术形式，做好文化遗产活态化展示、具象化传播、创新性表达。湖南省博物馆编钟乐团、河南博物院华夏古乐团、孔子博物馆箫韶乐团……近年来，多家博物馆都在围绕"人"和"文物"做工作，让人演绎文物故事，让文物带给人以艺术享受，通过整合传统文化要素，挖掘馆藏文物价值，对传统礼仪、服饰、乐器、曲目等进行研究，组建专业表演团队，赴全球各地奏响"历史之音"，亮相各种国际论坛、会议等重大活动，彰显中国审美风范。另一方面，博物馆要充分发挥教育功能，立足馆藏文物，丰富社会教育资源，创新教育模式，打造双语社会教育课程，采用"云课堂"等方式，开展直播或录播研学课程，拓宽教育资源传播路径，加大与"一带一路"国家博物馆、学校、艺术研究院等机构的交流合作，积极主动输送教育资源，为沿线国家提供高价值的教育资源，为共同推进人类文明的不断进步与发展贡献博物馆的力量。

（六）加强数字化建设

科技是博物馆与世界接轨的重要推动力。当下，数字技术已经渗透到博物馆运营的方方面面，从人员管理到文物保护，从藏品数据库建立到线上云展览，数字技术加快了文物资源的开放共享，使全球各国人民在足不出户的情况下便可以浏览全球文物资源。但在推动博物馆数字化建设过程中仍要坚持"保护第一"原则，做好馆藏文物的数字化保护和数据库建立。在做好文物数字化保护基础上，拓展文物数据的利用，构建文物展示的云展览、云课堂、云直播平台，推出个性化、高品质服务，全力打造线上线下一体化国际文物交流体系，扩大中华文化传播的覆盖面。

（七）提升文创产品影响力

文创产品是推动博物馆文化传播交流的重要力量，要把馆藏文物资源作为拓展国际市场竞争力的战略性资源，立足馆藏文物资源，打造特色鲜明、立意深远、具有国际传播力的高品质文化IP。产品宣传要突出文化内涵，要提升品牌吸引力、影响力、竞争力。通过产品设计联合攻关等方式，以创意大赛等形式，联动国际设计团队，提升博物馆文化创意产业水平。产品销售要学会"搭顺风车"，拓展与国际会议、论坛、博览会、周边商圈、娱乐场所的合作渠道，利用平台效应、顶层策划、集中宣传，搭建流动展馆和流动文创展区，增加产品的曝光率，讲好中国文创故事，输出中国"软实力"。在数字化技术不断发展的时代背景下，博物馆应从全球文创产业战略布局的高度出发，从顶层策划，用科技攻关，创新故事阐释方式，通过与国际影视作品、科技公司展开合作，打造精品影视作品、游戏产品等，将博物文化创意与信息化、虚拟化和国际化的跨界融合，以文创产品带动博物馆国际交流。

博物馆是保护和传承人类文明的重要殿堂，加强博物馆国际交流能力建设在推动全球文化交流、促进国家与国家之间的互相理解、维护国家形象、构建人类命运共同体等方面起着重要的作用。当前，国内博物馆受政策、资金、人才等各方面因素的限制，在国际交流能力建设方面还有很长的路要走。而《关于推进博物馆改革发展的指导意见》明确提出："要重点培育10~15家中国特色世界一流博物馆……到2035年，基本建成世界博物馆强国。"这提醒博物馆行业必须转变发展理念，把加强国际交流能力建设摆在更加重要的位置，制定博物馆国际化发展战略规划，以更加开放共享的姿态，从学术研究、陈列展览、公共空间服务、数字化建设、文创产品等多个方面制订战略性计划，着力强化自身国际交流能力建设，争创中国特色、世界一流博物馆，为全球博物馆发展贡献中国智慧、中国方案。

新加坡艺术博物馆国际传播策略与启示

玉林市博物馆　梁炜　馆员

　　新加坡素有"亚洲的十字路口"之称，作为一个多民族的国家，在经历经济优先发展的阶段后，新加坡于20世纪90年代开始注重文化和艺术上的投入，以期达成保护和传承文化多样性、构建国民国家认同感及增强国际软实力的目标。1988年2月，新加坡政府成立了文化与艺术咨询委员会（the Advisory Council on Culture and the Arts），建议对原有的国家博物馆进行重组和扩建，旨在更有效地提高新加坡多元文化遗产的保护意识。❶ 以此为契机，新加坡政府掀起了一波建设不同主题博物馆的浪潮，其中新加坡艺术博物馆（Singapore Art Museum，SAM）于1996年建成并对外开放。❷

　　SAM是一个以新加坡为中心，辐射亚洲（尤其是东南亚地区）的艺术型博物馆，并在当代艺术创作、艺术思考和艺术实践等方面具有全球视野。SAM对内以文化为载体强化新加坡民众的家国理念，对外以艺术为媒介促成国家形象的国际传播，通过倡导和推广国际化的策展实践和公共项目，

---

❶ KWA C G. Redefining the National Museum:New reflections on heritage[M]//WELSH B,CHIN J,MAHIZHNAN A et al. Impressions of the Goh Chok Tong Years in Singapore. Singapore:NUS Press and Institute of Policy Studies,2009:479-490.

❷ HOE S F,CHONG T. Nurturing the Cultural Desert:The Role of Museums in Singapore [M]//CHONG T. The State and the Arts in Singapore:Policies and Institutions. Singapore:World Scientific Publishing,2018:241-265.

成为东亚地区最重要的当代艺术平台之一,其"跨文化理解和欣赏"❶策略包括了自我定位、跨国策展、人才激励和公众教育等方面,这些策略从不同角度、不同层面响应着新加坡1999—2015年的"文艺复兴城市规划"战略(Renaissance City Plan)❷。通过分析这些策略,可以观察到新加坡在推动"文化艺术全球城市"(Global City for Culture and the Arts)建设的过程中是如何利用博物馆来提高国民凝聚力和国际影响力的。SAM的经验将为其他国家和地区的文博事业提供有益的启示。

一、SAM 国际传播策略

(一)自我定位

在1996年1月20日,时任新加坡总理的吴作栋在SAM开幕仪式上的讲话中指出:"SAM应当具有国际性,展示新加坡所吸收的伟大文化影响(中华文化、马来文化、印度文化、伊斯兰文化等),让观众认识这些伟大的文化且加以探索。"❸ 以此为指导,SAM逐渐成为东南亚文化艺术的一个交汇点,同时也成为对东南亚区域外的国家和地区宣传和推广东南亚文化艺术的前站,如在SAM开幕展之一的"东南亚艺术主题展"中便展示了来自新加坡、文莱、印度尼西亚、马来西亚、菲律宾、泰国和越南等多个国家的艺术作品,让展览的内容超越国界,展现出东南亚人民在漫长的历史

---

❶ HAMID M R B A. Exhibitions in the age of performance:reflecting on the performativity of art exhibitions in Singapore,1996 – present[D]. 新加坡:南洋理工大学,2023:38.

❷ ministry of information. Renaissance City Plans Ⅰ – Ⅲ [EB/OL]. (2021 – 12 – 08) [2024 – 06 – 24]. https://www. nac. gov. sg/resources/arts – masterplans/renaissance – city – reports-(2000-2004-2008).

❸ 新加坡前总理吴作栋在新加坡艺术博物馆开幕仪式上的讲话(MINISTRY OF INFORMATION AND THE ARTS. Speech by Prime Minister Goh Chok Tong,at the Official Opening of the Singapore Art Museum[R]. Singapore:Ministry of Information and the Arts,1996- 01-20.)

中交往交流交融而产生的文化共同性和独特性。SAM 还将东南亚的故事带到了国际舞台上——通过与日本横滨美术馆和熊本现代美术馆合作，策划了"欢迎来到丛林——东南亚当代艺术展"，将来自东南亚 8 个国家艺术家的作品带到日本和法国进行巡展❶，以此增进世界对东南亚文化和艺术的了解。从这些例子可以看到，SAM 的定位不是局限于新加坡本土，而是企图成为东南亚文化和艺术的代言人，这使其具备了跨越国界交流信息、促进文化理解和合作的国际传播效能，正如吴作栋在 SAM 开幕式讲话中所描述的："成为比它伟大的东西里的一部分。"（part of something bigger than itself.）

在 SAM 的官网中，它如此定义自己的使命："SAM 将通过我们的收藏、研究、展览和项目，与我们的受众进行积极的对话、探索和合作，从东南亚视角呈现当代艺术。"

（二）跨国策展

SAM 在策展中采用了多种国际化的策略：一是与国际策展机构或个人合作办展，如 SAM 与东京现代艺术博物馆、大阪国立美术馆和昆士兰美术馆联合策划了"他者的时间"展览（Time of Others）❷；二是主办新加坡当代艺术的标志性展览——双年展，如 2022 年第七届新加坡双年展上展示了来自世界各地的 50 多位艺术家和合作者的作品，扩大和深化了国际艺术交

---

❶ singapore art museum. Singapore Art Museum brings Southeast Asia contemporary art to international attention in Japan and France［EB/OL］.（2013-04-15）［2024-06-24］. https://prd-cm.singaporeartmuseum.sg/-/media/SAM/Files/Press-Release/2013-PR/sam_sea_contemporary_art_to_international_attention_in_Japan_and_France_15apr_2013.pdf?inline=1.

❷ singapore art museum. Time of Others［EB/OL］.（2024-05-17）［2024-06-27］. https://www.singaporeartmuseum.sg/art-events/exhibitions/time-of-others.

流[1]；三是组织开展与国际策展人和艺术家的对话项目，如在已经举办了四场的 SAM Chats 项目中，SAM 与新加坡、俄罗斯、德国、马来西亚等多个国家的专业人士交流策展和创作的理念及对艺术和文化的见解。这些策略使 SAM 主动与世界接轨，促进了跨国博物馆专业人员之间的文化、学术和业务交流，包括但不限于业务知识、工作经验、异域视角、表达手法等，从而打造出不同文化背景的观众都能找到共鸣的展览，让观众在展览中"以己度人"，建立相互理解、相互尊重的文化理念。同时以展览的多元文化诠释作为锚点，吸引各国游客将 SAM 作为一个旅游打卡地，在促进当地旅游业的同时也加深了人们对新加坡艺术的认知。据新加坡当局统计，2016—2022 年，SAM 共接待国内外游客近 600 万人（见表 1）。

表 1　2016—2022 年参观人数统计

年份	参观人数	年份	参观人数
2016	732 913	2020	1 424 774
2017	414 692	2021	1 300 354
2018	519 439	2022	771 498
2019	791 137		

ministry of culture, community and youth. Singapore Cultural Statistics 2023［R］.（2024-03-12）[2024-06-26]. https://www.mccy.gov.sg.

（三）人才激励

SAM 人才激励策略的背景是新加坡政府对文化艺术在签证政策和专项资金上的大力扶持。例如，SAM 驻留项目（SAM Residencies），在 2021 年开始公开征召多个国家的艺术家、研究和策展人员、社区和教育的艺术从业者、艺术组织（Artist, Community & Education, Curatorial & Research,

---

[1] singapore art museum. FY2022 Annual Report［R］.（2021-08-22）[2024-06-26]. https://www.singaporeartmuseum.sg/-/media/SAM/Files/Financial-Reports/FY2022/FY2022-Annual-Report.pdf.

and EX-SITU），并为入选者提供各种物质和非物质上的支持，如往返机票、月度津贴、住房补贴、办公空间、展示区域、博物馆资源等，让入选者拥有 1~6 个月的时间在 SAM 开发和创作面向公众的公共项目（包括研究、讲座、展览、社区教育活动等）❶。SAM 驻留项目目前已举办了两期，第三期正在进行中，在前两期中共有 33 名来自世界各地的专业人才在 SAM 驻留。第一期驻留项目共举办了 38 个❷（第二期的数据尚未统计），这些国际化的艺术实验和创新实践项目将转化成新加坡在文化和艺术上的声誉和成绩。另外，SAM 还设置多项奖项和奖学金来引导和鼓励各界人士在艺术项目上进行创作和研究。SAM 通过这些方式吸引了一批具有丰富经验和国际视野的专业人士，不仅提升了博物馆的展览质量、研究水准和国际影响力，也为推动新加坡与其他国家的文化交流和建立良好的国家形象做出了贡献。

（四）公众教育

国际文化传播的"文化原料"和"传播热度"不仅需要国家的顶层设计，更需要国内民众对文化艺术事业的支持。SAM 在公众教育项目上具有以下特点：一是年龄跨度大，有面对学前儿童的"未来你好——让我们手拉手"项目（Hello Future：Let's Go Hand in Hand），有面对老年人的"老年人和当代艺术"项目（Seniors and Contemporary Art Project）；二是利用空间大，有在裕廊区进行的"共同的艺术——可视化的数据"项目（Art in the Commons——Data Visualising），有在丹戎巴葛区进行的"日常博物馆"项目（The Everyday Museum）；三是受众面大，有与监狱合作的"黄丝带艺术展"项目（Yellow Ribbon Community Art Exhibition），有障碍人士也可观展的"感知模式——非典型感官介入"项目（Patterns of Perception——An

---

❶ singapore art museum. About ∣ SAM Residencies［EB/OL］.（2024-05-21）［2024-06-26］. https：//www. singaporeartmuseum. sg/sam-residencies/about.

❷ singapore art museum. FY2022 Annual Report［EB/OL］.［2024-06-26］. https：//www. singaporeartmuseum. sg/-/media/SAM/Files/Financial-Reports/FY2022/FY2022-Annual-Report. pdf.

Atypical Performative Intervention of Sensorial Accessibility）。❶ 这些公众教育项目的投入使 SAM 得到了很多正面反馈，从 SAM 2017—2023 年的年度报表的"收入"项目中（见表 2）可以看到，捐款收入的金额一直占据很大比例（2021 年受全球疫情影响，捐赠收入出现较大波动），这反映了社会各界人士对 SAM 的认可和支持。

表 2　SAM 2017—2023 年收入统计表　　　　单位：万元

收入项目	2017 年	2018 年	2019 年	2020 年	2021 年	2022 年	2023 年
租金收入	687 607	421 138	227 458	—	—	850	10 200
捐赠收入	459 469	247 437	870 246	133 170	14 848	187 807	1 658 943
服务收入	266 122	203 281	113 328	17 605	2 647	2 044	1 239
门票收入	754 825	103 667	85 789	219 048	—	7 719	110 359
其他收入	169 360	125 048	88 987	75 801	211 523	199 756	147 452

singapore art museum. FY2017—2023 Annual Report［EB/OL］.［2024-06-27］. https://www.singaporeartmuseum.sg/about.

二、思考和启示

日本森纪念基金会都市战略研究所于 2024 年发布的《全球城市实力指数》（GPCI）中，新加坡在"文化·交流"领域的指数排名为第九位❷，这意味着新加坡在文化艺术领域取得了值得肯定的成绩。"新加坡经验"曾经是中国改革开放的导引者之一，如今中国也面临着从主抓发展"硬实力"到兼顾发展"软实力"的转型阶段，新加坡在文化艺术工作方面的成功经验，尤其是在国际传播和文化交流方面，仍然值得学习和借鉴。SAM 在新加坡的文化艺术发展过程中扮演了重要角色，其策略和实践具有代表性，我们从中可以得到一些有益的启发。

---

❶ 本段所有事例来自于 SAM 官网：https://www.singaporeartmuseum.sg.

❷ mori memorial foundation institute for urban strategies. Global Power City Index 2023 ［R］. Tokyo：Mori Memorial Foundation.

（一）优化博物馆社会教育职能

博物馆作为公共文化服务场所，应当自觉承担社会教育的职能，在我国几乎所有的公立博物馆都设置有与"社会教育"相关的业务部门，体现了我国博物馆对于社会教育的重视，但其中仍存在着受众面小、缺乏延续性、趋于同质化、理念不够创新等问题。我们可以借鉴 SAM 的经验，通过以下几个方式进行改善。一是强调美育的重要性，博物馆应当在业务工作各环节的前期设计中系统性地融入美育意识，如将展览策划、文创产品、社教活动等策划组合成一个联动的、完整的美育课堂，让公众在潜移默化中感受"美"、理解"美"，进而提升社会整体的审美水平。二是深化社区合作，博物馆的教育不能局限在自身的场馆内，要积极走出去，借助更多社区力量来增加教育的普及面，对于优秀的社教案例可以在多个社区有机重复，这样不仅可以节约资源，而且可以使社教活动迭代升级，向社会提供更优质的教育产品。三是要注重文旅融合协同发展，博物馆可以与旅游相关方（旅行社、研学团、旅游媒体等）共同开发与展览主题相关的旅游路线和体验活动，将博物馆的教育功能与旅游体验相结合，让游客在参观的同时还能获得知识和文化的滋养。四是练好基本功，积极举办国际层面的行业对话、展览交流、学术研讨会等活动，加强与世界各地文博部门的合作，引入世界先进的教育理念和方法，提升本地博物馆的社会教育水平。通过各种渠道和方式，鼓励公众参与到文化的教育和传播中来，形成全社会共同参与的文化氛围，进而使博物馆得到更多的关注度，形成博物馆与公众之间的正循环（见图1）。

图 1　博物馆与公众通过教育相互转化示意图

(二) 从政策层面促进人才交流和文化外交

SAM 为国外专业人才赴新加坡工作提供了物质和平台两个方面的优质资源，同时也为本土从业者提供了与国际同行交流学习的机会，从而丰富了本土的文化艺术生态，也促进了多元文化的交流，这对我们开展人才交流和文化外交工作具有启发意义。我国的 144 小时过境免签政策在国际上引起了极大反响，这不仅为国际旅客提供了便利，也为文化交流打开了新的通道。不少博物馆也开始利用这个政策来我国开展展览工作，如南宁市博物馆利用免签政策与德国艺术家合作举办了"邂逅Ⅱ——中德艺术交流展"。在后续的工作中，博物馆可以尝试进一步利用好签证政策吸引更多的国际学者、策展人、艺术家等专业人士来华交流和工作。同时，博物馆还可以借鉴 SAM 的做法，通过设立奖项和奖学金来激励和支持中外人才进入文化领域，鼓励他们在研究、策展和创作上进行更多的探索和创新。此外，博物馆还应该加强与国际文化机构的合作，共同开发和推广具有国际影响力的文化项目，提升我国在国际文艺界的地位和影响力。通过这些措施，我们可以更好地利用人才交流和文化外交来构建开放包容的国际交流新格局，进一步加深各国人民之间的理解和友谊，为构建人类命运共同体贡献力量。

(三) 围绕铸牢中华民族共同体意识开展工作

党的十九大报告将"铸牢中华民族共同体意识"写入了《中国共产党章程》，党的二十大报告进一步明确了"以铸牢中华民族共同体意识为主线，加强和改进党的民族工作"的指导思想。在此背景下，我国博物馆可以借鉴 SAM 的定位策略，明确自身在展示、传承和融合多元民族文化方面的重要角色，并大胆探索新的方式方法来开展工作。如邀请民族聚居社区成员、民族研究专家、非遗代表性传承人参与策展，并通过陈列展示、互动装置、角色扮演等方式，展现最真实、最鲜活的民族生活面貌，让观众感受众多民族在历史长河中的交往交流交融过程，促进各民族之间的相互了解和尊重。又如将民族文化的国际传播与全球性话题相结合，既要强调地方民族文化的独特价值,也要以全球关注的文化话题(如每年"国际博物馆日"的主题,见表3)作为策展的风向标,"借力打力"拓宽文化项目的国际影响范围。再如应用前沿技术,对民族文化遗产进行数字化保护和展示,通过线上导赏、虚拟展览、互动体验等方式使民族文化的展示更加生动、直观,让传统文化在现代科技的辅助下焕发新的活力。

表3　2019—2024年"国际博物馆日"主题一览表

年份	主题
2019	作为文化中枢的博物馆——传统的未来(Museums as Cultural Hubs——The Future of Tradition)
2020	致力于平等的博物馆——多元与包容(Museums for Equality——Diversity and Inclusion)
2021	博物馆的未来——恢复与重塑(The Future of Museums——Recover and Reimagine)
2022	博物馆的力量(The Power of Museums)
2023	博物馆、可持续性与美好生活(Museums, Sustainability and Wellbeing)
2024	博物馆致力于教育和研究(Museums for Education and Research)

三、结语

1978年,中国领导人在访问新加坡时曾参观了裕廊工业区,并在裕廊山上应邀栽下了一棵友谊树❶;2023年,在SAM的主持策划下,新加坡第一家社区博物馆也在裕廊区对外开放❷,向观众展示当地艺术作品及旧裕廊的档案照片。继现代化建设之后,新加坡或许能继续扮演"先行者"的角色——历史上看,吸收和借鉴了其他国家的先进经验,并结合自身实际情

---

❶　丁宜.拉紧人文纽带,续写周边睦邻友好合作新篇章[EB/OL].(2015-11-11)[2024-06-29].http://www.xinhuanet.com/world/2015/11/11/c_1117110464.htm.

❷　singapore art museum. Picturing Home:Our Museum @ Taman Jurong[EB/OL].(2024-05-14)[2024-06-28]. https://www.singaporeartmuseum.sg/art-events/exhibitions/picturing-home.

况进行优化和应用，也正是我国文化自信和开放包容心态的展现。

研究 SAM 在国际传播中的策略，我们可以得到如下启示：通过优化博物馆的社会教育职能、从政策层面促进人才交流与文化外交及围绕铸牢中华民族共同体意识展开工作，我国各级博物馆将能够在促进中华优秀文化传承、增强民族文化认同、推动国际文化交流与理解方面取得更大的成就。一个国家或地区的文化繁荣，离不开对本土文化的深度挖掘与自信展现，也离不开对世界其他文化的广泛接纳与开放交流，我们文博工作者应该继续保持开放的心态，以文化为纽带，以博物馆为平台，促进不同文化之间的相互理解和尊重，共同书写人类文明的新篇章。

浙里风景独好

——浙江省博物馆入境展览述论

浙江省博物馆　乐俏俏　副研究馆员

浙江省博物馆　朱文晶　馆员

随着我国博物馆事业的欣欣向荣和民众生活内容的日益丰富，临时展览也显现出精品迭出、交流日盛的发展趋势，其规模和水平得到了长足进步，近年来多家博物馆共同引进并策划入境展览的案例显著增多。主题鲜明、藏品集中的入境展览相对于基本陈列更符合现代观众获取知识的习惯，入境展览为观众打开了一扇睁眼看世界的窗户，使观众能深入地了解各国历史与文化，唤醒文明互鉴的意识，开启广阔深远的思考。本文拟对2007—2022年浙江省博物馆的入境展览进行案例分享，剖析入境展览的现有模式，并提出优化创新建议，以期找到适合本馆的运行方法。

一、入境展览的定义及作用

入境展览[1]是临时展览的一个分支，顾名思义，是指从境外引进的临时性展览。国内博物馆以协议合作的方式从境外博物馆挑选展品来华展示，是目前大中型博物馆在策展中的崭新尝试。这些来自世界各地独具特色的

---

[1] 关于"入境展览"，文博界并没有准确、统一的定义。有些学者将其作为"特展"的一种，也有人将其称为"引进展览""涉外展"。

历史文化载体，能够给人眼前一亮的感觉，让公众在家门口就能感受异域风情，领略多元文化。了解世界同期文明，是观照本地文化应有的视角。不断进行文明比较，开拓观众的国际视野，是博物馆推出临展的基本目的之一。入境展览可以使公众从不同文化的视角来观察中国文化发展的情况，并深入了解同时期不同地域、不同文化的发展路径，有助于民众厚植家国情怀，激发民众的使命担当精神。入境展览的成功策划一定程度上代表了文化交流的深度、广度和社会关注度，入境展览良好的社会影响将持续发酵，并将进一步助力全国博物馆推陈出新，提高展览水平，服务广大民众。

博物馆策划入境展览，有四个显而易见的作用。一是向公众普及历史文化科学知识，培养大众的审美情趣，丰富大众的精神生活，拓展大众的文化视野，让更多人爱上博物馆。二是推动馆际、国家之间、洲际在文化层面的交流与合作，促进各国互学互鉴、加深相互理解，为不同文明的国际交流提供有益的实践经验。三是积极打造博物馆自身品牌，在社会上树立一个明确的、区别于其他博物馆的、符合观众需要的博物馆形象，扩大品牌影响力。四是锻炼博物馆自身策展能力，培育具有国际视野的文博复合型人才，助力中外文化交流。归根结底，入境展览可以为更深入的文化交流和文化对话奠定坚实基础。

二、浙江省博物馆入境展览概况

在 2004 年元旦免费开放之后，浙江省博物馆加速了引进境外展览的步伐，无论是展品收藏机构涉及的地域范围，还是展品辐射的文明范畴，都越来越广。自 2007 年浙江省博物馆推出首个入境展"庞贝末日——源自火山喷发的故事"起，基本上每年都要引进一个具有国际先进水准的临展。据统计，截至 2022 年浙江省博物馆举办的入境展览的数量共计 17 个（见表 1）。以 15 年为一个观察期，笔者划分了三种展览模式，在此试作探讨。

表 1　2007—2022 年浙江省博物馆举办的入境展览

序号	名称	时间	地点	展品数量/件	模式	合作方
1	庞贝末日——源自火山喷发的故事	2007年6月6日—8月31日	浙江西湖美术馆	489	全盘引进	意大利（欧洲）
2	夏威夷传奇——夏威夷与波利尼西亚土著文化展	2011年4月25日—2011年7月25日	武林馆区临时展厅	153	全盘引进	美国（北美洲）
3	旅行的罗曼史——泰戈尔艺术展	2011年10月12日—2011年10月24日	浙江西湖美术馆	100	全盘引进	印度（亚洲）
4	土地和身体——澳大利亚沃伯顿原住民艺术展	2011年7月7日—2011年7月24日	浙江西湖美术馆	78	全盘引进	澳大利亚（大洋洲）
5	古典与唯美——墨西哥西蒙基金会藏雕塑、绘画展	2012年4月20日—2012年6月16日	浙江西湖美术馆	79	全盘引进	墨西哥（北美洲）
6	大元帆影——韩国新安沉船出水文物精华暨康津高丽青瓷特展	2012年12月18日—2013年3月3日	武林馆区临时展厅	285	自主策划	韩国（亚洲）
7	美国当代写实油画展	2013年6月5日—2013年7月21日	浙江西湖美术馆	100	全盘引进	美国（北美洲）
8	曙光时代——意大利的伊特鲁里亚文明展	2014年1月22日—2014年5月4日	武林馆区临时展厅	314	本土融合	意大利（欧洲）
9	魅力永恒的童话力量——安徒生童话进入中国百年纪念展	2015年1月20日—2015年3月8日	浙江西湖美术馆	82	本土融合	丹麦（欧洲）

续表

序号	名称	时间	地点	展品数量/件	模式	合作方
10	海上瓷路——粤港澳文物大展	2015年7月16日—2015年10月11日	武林馆区临时展厅	185	本土融合	中国香港、中国澳门（亚洲）
11	立体书的异想世界	2016年6月29日—2016年8月7日	浙江西湖美术馆	100	本土融合	中国台湾（亚洲）
12	玻璃的艺术——欧洲玻璃艺术史珍品展	2016年6月28日—2016年10月9日	武林馆区临时展厅	217	全盘引进	捷克（欧洲）
13	漂海闻见——15世纪朝鲜儒士崔溥眼中的江南	2016年11月16日—2017年2月12日	武林馆区临时展厅	300	自主策划	韩国（亚洲）
14	世界陶都 并蒂莲华：公元400—700年印度与中国雕塑艺术大展	2017年3月25日—2017年5月25日	武林馆区临时展厅	150	全盘引进	意大利（欧洲）
15	梵天东土 并蒂莲华：公元400—700年印度与中国雕塑艺术大展	2017年6月15日—2017年9月10日	武林馆区临时展厅	159	自主策划	印度（亚洲）
16	法老的国度——古埃及文明展	2019年1月22日—2019年5月8日	浙江西湖美术馆	180	本土融合	意大利（欧洲）
17	天下龙泉——龙泉青瓷与全球化	2019年11月15日—2020年2月16日	武林馆区临时展厅	513	自主策划	越南、缅甸、日本、泰国、伊朗、叙利亚、埃及、英国等

（一）全盘引进

全盘引进指的是博物馆将境外成形的展览整体引进来，而不改动内容大纲和展品组成。不再局限于基本陈列的博物馆，正在逐年加大临时展览的比重。而内容和形式能让观众耳目一新的入境展览已然成为临时展览中的一支新秀。它用境外文物带领观众领略鲜活的时代场景、人生故事、社会风物，看到世界各国人民的精神情怀与生活智慧，从而审视不同民族所具有的优良传统。一般而言，全盘引进的入境展览多为展示内容和展示手段别具一格、拥有较高国际知名度的巡回展，并且有完善的入境计划。所以，博物馆在引入时处理国内的联展程序较为简单，而展览却增加了博物馆的参观人数，产生较好的社会效益，这使国内大中型博物馆在一段时间内很乐于策划类似的入境展览。

2007年，浙江省博物馆和中华世纪坛合作，引进了"庞贝末日——源自火山喷发的故事"。该展览曾在意大利、比利时、德国、加拿大、美国、日本等国巡展，广受欢迎。展览展出了489件来自意大利庞贝古城及邻近的赫库兰尼姆古城、奥普隆蒂斯古城等遗址考古发掘出来的文物，再现了庞贝在公元79年8月24日不到1天的时间内遭受火山爆发、4次熔岩流和3次灰尘暴袭击后化为废墟的场景，将庞贝这个考古史上引人入胜的古城以精彩的展览形式首次呈现给中国观众。同时，浙江省博物馆安排了"庞贝城的最后一天""庞贝考古遗址的保护修复与发展""庞贝的魅力和影响"3场专家讲座，还举办了"我的庞贝"浓情小说博客大赛，在短短87天的展期迎来了21万观众，在杭州引起了轰动，成为当年省城的一件文化盛事。虽然展览向公众免费开放，但是有偿的讲解器租借及相关文创产品为博物馆带来了不小的收益，这也为今后的入境展览工作积累了宝贵的经验。之后的几年时间，浙江省博物馆将目光投向世界其他地区，又陆续引进了"旅行的罗曼史——泰戈尔艺术展""玻璃的艺术——欧洲玻璃艺术史珍品展"等。

全盘引进的入境展览为浙江省博物馆带来了与境外博物馆及文化机构

交流学习的机会，并有选择地将外方先进的办展理念用于本馆的展览规划。

（二）本土化融合

本土化融合指的是博物馆结合本馆实际，对入境展览进行本土化的改良，或者局部调整内容大纲，或者增加（减少）展品，或者创新形式设计、宣教活动等。博物馆不能仅仅满足于入境展览给观众带来了奇珍异宝，而是要有意识地进一步向观众阐释文物背后的哲学思想、人文精神、价值理念。入境展览展示的是境外的文化及历史，大多不是国内观众耳熟能详的内容，这就需要策展团队想办法消除观众对境外文化的陌生感和疏离感，避免入境展览受到观众冷遇。因此，策展团队要第一时间熟悉入境展览来源地的文物，透彻理解展览相应题材的文化内涵，在此基础上对待入境展览的再阐释，根据国内观众的教育层次、知识水平、艺术素养及兴趣点，适当修改原有大纲，调整展品清单，更新展陈设计，开展宣教活动，努力使入境展览本土化。

安徒生是享誉世界的著名作家，他的作品是世界文学宝库中一颗璀璨的明珠，给一代又一代的中国儿童带来了感动和快乐。在中国，安徒生童话已经家喻户晓、老少皆知。鉴于此，浙江省博物馆于2015年引入了"魅力永恒的童话力量——安徒生童话进入中国百年纪念展"，其中的大部分展品来自丹麦欧登塞市博物馆，如安徒生的手稿、文具、生活用品、剪纸绘画作品等，以及丹麦女王设计的安徒生童话人物服饰等。为了体现安徒生在中国的巨大影响，馆方又增加了一小部分国内展品，如翻译家翻译出版的多版本安徒生童话书籍等。考虑到青少年儿童这一主要受众的空闲时间，馆方选在寒假期间开展活动，在展厅内设置影视区和互动体验区。❶ 此外，馆方还举办了安徒生童话趣味剪纸活动，分批次请大小观众用双手剪出可爱的童话角色。

---

❶ 影视区播放安徒生童话卡通片、女王用积木表达童话场景的幻灯资料、女王创作的《野天鹅》故事图片、中国儿童艺术剧院排演的安徒生童话及其他由中国出版发行的相关影视资料等。互动体验区让观众可以用丹麦乐高公司赞助的积木创作自己心目中的安徒生童话。

"立体书的异想世界"展出了100件国内外精彩的立体书作品,令观众既能欣赏到世界各地的立体书代表作,又能对立体书的历史及演进过程有较系统的认知。此展览和安徒生展览的目标群体相似,故而浙江省博物馆仍用外方的展品,而着重在形式设计和宣传活动上进行了本土化创新。首先,在展陈设计时突出了儿童熟悉的作品,以爱丽丝梦游仙境为设计主题,将城堡、宫廷、树林等作为基础的造型元素,并进行抽象化、概括化、立体化处理,以达到梦幻童话的效果。其次,在展览中设计了三大互动区域,即拍照互动的粉红色城堡、采购互动的书籍展台、观看立体书的休闲区,以丰富观众的参观体验。最后,展期定于暑假,先后举办了"立体书的异想世界——立体书签DIY""立体书的异想世界——4D立体书体验"等活动,实现了"寓教于展"的目标。博物馆还特意发放了两份调查问卷,一份针对成年人,一份针对幼儿园、小学的儿童。结果显示,无论是成年人还是儿童,对本展览的总体反映甚好,满意度高达93.2%。火爆程度超出馆方预想,为此浙江省博物馆特意延长了开放时间。35天的展期,共计吸引观众112 274人次,其中夜间参观观众为8 014人次。配套的立体书销售数量为208本,销售额为15 114元。❶

本土融合的入境展览,不但在内容上能融入本国文化,减少公众观念上的冲突与不解,而且能促进当地观众深入理解境外文化,从而培养他们尊重文化差异的意识。

(三)自主策划

自主策划指的是博物馆在确立主旨、挑选文物、形式设计、宣传推广等一系列的展览流程中,都是独立决策的,只是利用了境外的展品资源。随着全球化进程的不断加快和博物馆国际交流的日趋频繁,入境展览越来

---

❶ 馆方与北京尚童童书合作,得到40本立体书的赞助,用于体验区域的阅览,并且达成代销立体书的协议。

越来越多地进入了公众视野，博物馆开始思考如何从馆藏和本土语境出发，将异域文化生动准确地呈现给中国观众。博物馆自主策划入境展览，关键在于选择什么样的展览内容，可以是与中华文化有共同点、有共通性的内容，也可以是国内民众不熟悉却能反映中外文化交流或境外优秀文化的内容。博物馆策展团队应转变策展理念，化被动为主动，坚定文化自信，通过境外展品展示来建立本地与异域文化之间的联系，将策划入境展览作为讲好中国故事的必要补充。入境展览的自主策划不仅要求博物馆策展团队要在限定的时间内完成文本大纲、方案设计、展厅布置、文物摆放等工作，还要求策展团队要对国外先进的策展理念具有敏锐的洞察力，这需要策展团队具有较强的专业素养、应变能力、执行力及抗压能力。

"漂海闻见——15世纪朝鲜儒士崔溥眼中的江南"❶以《漂海录》的内容为线索，在文献解读的基础上结合文物展陈，将来自中韩两国26家博物馆的300件展品分为"崔溥与朝鲜""意外的中国之行""江南风物""大明与朝鲜的文化交流"四个单元为观众展现了15世纪的明代江南社会文化和中韩两国的文化交流史。此展览为寻访崔溥踪迹而拍摄的纪录片作为"跟随崔溥足迹·2016中韩人文纽带构建活动"的一项内容，被纳入了《2016年中韩人文交流共同委员会交流合作项目名录》。该展览打破了以往常见的以时代、文明、城市等为中心的宏大叙事模式，选取了一个具体的历史人物来展现两国的文化互动，以小见大地呈现两国的文化交流。展览以崔溥在中国江南的一段经历作为主题，并通过崔溥之眼看中国，以此引发观众对中国自外向内的审视，进而思考两国文化的同源和互鉴。值得一提的是，该展览在第十一届（2016年度）全省博物馆陈列展览精品项目推介活动中脱颖而出，斩获了"十大精品奖"。

---

❶ 该展览是浙江省博物馆继"大元帆影——韩国新安沉船出水文物精华暨康津高丽青瓷特展""扬帆南海——华光礁1号沉船出水文物特展""海上瓷路——粤港澳文物大展"之后推出的又一"海上丝绸之路系列特展"。

浙江是青瓷的故乡，浙江省博物馆拥有丰富的青瓷馆藏。为了调查浙江青瓷在海外的情况，2009年本馆研究人员以"浙江青瓷在海外"为题开始进行专项研究，并开始筹备"海上丝绸之路系列特展"，开展了多项与之相关的国际学术活动。2012—2014年，浙江省博物馆与故宫博物院联合申报并承担了国家文物局指南针计划——"中国古代瓷器生产技术的对外传播研究"课题。基于多年的研究成果，"天下龙泉——龙泉青瓷与全球化"特展应运而生。展览通过全球42家文博机构的513件（组）文物，阐述了12—15世纪龙泉青瓷在中国本土及世界范围的发展、流布、使用情况和技术传播，旨在立体化地凸显龙泉青瓷文化的全球图景。展品涵盖亚、非、欧各洲，是史上展出龙泉窑精品数量最多、覆盖地域最广、规模空前的一次大展。为了拉近学术性展览与普通观众的距离，展览期间馆方还举办了一系列兼具知识性、趣味性和互动性的延伸活动，让观众了解龙泉青瓷的辉煌历史及其全球文化影响。

自主策划的入境展览往往在内容上立意新颖，在形式上变化多样，在展品选择上灵活自由，因此有专题性、多样性、实效性都较强的特点，也更能体现策展团队深厚的学术功底和高效处理各项事务的能力。自主策划的入境展览本质上是原创展览，重点在于选题的确定和内容方案的撰写，主要需要做好三方面的准备。一是坚实的学术研究基础。任何展览策划的前提都是要有对相关学术领域的深入研究，否则展览将是无源之水、无本之木。二是全球的视野。在全球化浪潮的推动下，越来越多的国内博物馆开始打破相对封闭的观念，尝试实施国际化战略，以进一步谋求成长与发展。三是与境外机构密切的合作交流。博物馆可以用展览带动与世界各地博物馆在各领域的相互合作，担当主办国家文化使者的角色，以文化为纽带促进两国友好交往。目前，重复性的巡展已经不能够满足观众日益增长的观展需求，这在客观上提高了观众对入境展览的期待值。自主策划的入境展览旨在结合本馆定位，发掘展览亮点，顺应时代潮流，满足不同层次观众的观展需求，提升博物馆的业内知名度、所在地知名度和广域知名度。

三、优化创新入境展览的途径

入境展览是一类新兴发展的临时展览，如何在反映时代主题的同时体现博物馆特色，丰富展览手段的同时实现寓教于乐，是博物馆策展需要长期研究的课题。笔者认为，优化创新入境展览可以从以下三方面入手。

（一）内容创新：展览内容专业化

入境展览要实现国际化、品牌化、信息化的发展，专业化是必要条件。没有专业化的内容，品牌化、信息化、国际化则缺乏必要的基础，极有可能沦为口号。这就必须关注三点：一是牢牢把握展览所要传达的主题，对不适宜的内容作出相应的修改、取舍或优化，使其更符合中国人的审美情趣、好奇心理和评价标准；二是多方面考虑地理条件、文化环境及办展所在地的小环境等，从中寻找共同点和相似点，以寻求观众的认同；三是捕捉展览主题与中国文化或发展现状的热点之间的契合处，以获取观众好感。当今国内的各博物馆已不再满足于吸引本地、本国的观众，也不再满足于在本地区甚至是本国范围内的影响力，而是在努力提高国际参与度。入境展览可以创造不同国家、不同地域文明文化互通有无、相互借鉴的宝贵机会。博物馆策展团队要用心部署各章节内容，做到有高潮有转折，有详有略，又不落窠臼，从多方面去展示世界不同的文化与自然遗产。

（二）形式创新：展陈设计现代化

在博物馆建设蓬勃发展的时代，展陈设计领域也处在一个转折的新阶段，新媒体、数字化、虚拟性等新型概念层出不穷。博物馆策展团队应合理运用新工艺、新材料、新设备，用技术与艺术将展览内容与展陈空间完美结合，深刻挖掘展品的文化内涵，利用现代化高科技手段，营造浓郁的文化氛围，深入浅出地讲好具有感染力的文化故事。现代化多媒体技术的兴起，让许多行业发生了重大变革，特别是在展陈设计中，将二维展示转化成三维立体空间展示的多媒体技术，用愈发生动炫酷的形式，令观众产生感官震撼；再结合交互、参与体验等方式，让展厅极具科技魅力，并增强展览展示的互动性和趣味性。当然，形式设计永远是为内容服务的，没有结合展示主题而照搬使用多媒体技术的展陈设计，只会让展厅变成数字化技术堆砌的空间，容易让观众感到疲劳，甚至产生排斥心理，造成经费的浪费与观众参观体验的不佳。因此，从整体的展陈空间效果营造，到材料的选用、色调的把握及展陈形式语言和展陈手段的运用，都要表现展陈的主题，让观众获得好的观展体验。

（三）传播创新：传播方式多元化

在知识传播速度日渐提高的互联网时代，各种传播平台和载体层出不穷，信息传播渠道不断拓展和延伸，人们获取信息的越来越便捷。博物馆应该从宣传、社教和文创三个层面引领传播创新的与时俱进，确保信息的真实性、完整性和可信度。一是宣传工作。博物馆要转变原有的"单一传播"模式，充分发挥新媒体的时效性、互动性、移动性等突出优势，探索文化传播的新路径。另外，在传播手段、传播速度、传播能力等维度发力上，掌握传播的主动权。博物馆要整合官方网站、官方微博、官方微信、官方抖音号、B站等新媒体平台，创建新媒体融合中心，构建新媒体矩阵平台，形成网上网下一体，"网、微、端、站、号"同步发力的良好格局，抢占新媒体传播高地。二是社会教育工作。教育活动包括专家导览、志愿讲解、公益讲座、亲子体验和专题研学等，要针对不同年龄、不同文化程度的观众设计不同的教育活动，以此大大激发观众的参与热情。此外，还可以用馆校合作的方式邀请广大教师走进博物馆，让老师成为博物馆资源的主动使用者，把博物馆的资源有机嵌入学校校本课程中去，进而丰富学生的知识结构，丰富学校的课程体系，丰富教师的教学实践，培养学生的动手实践能力和探索求知精神。三是文创工作。文创产品实质是创意外衣之下的文化产品，文化是内核，创意是生命。入境展览的展品往往具有独特的境外文化内涵，是极佳的文创素材。博物馆需要紧扣展览主题，用兼具创意和实用价值的文创产品打破人们对文物的固有印象，让文物以更加鲜活可爱的面孔，走进现代人的日常生活。

四、结语

一个入境展览的好坏，观众是否喜欢是首要的衡量标准。从以往的经验来看，自带流量的大 IP 展特别适用于广大的观众，如"法老的国度——古埃及文明展""魅力永恒的童话力量——安徒生童话进入中国百年纪念展"等，这些展览能够吸引粉丝，造成轰动效应，而一些专题展则可以增加特定观众群体的再访问量并使他们成为博物馆的忠实观众，如"古典与唯美——墨西哥西蒙基金会藏雕塑、绘画展""梵天东土 并蒂莲华——公元 400—700 年印度与中国雕塑艺术大展"等。未来博物馆应在这两方面再下功夫，精挑细选经典的文物，精雕细琢的入境展览回馈公众；并运用大数据技术，高效地掌握观众的参观动态和偏好取向，践行博物馆"以人为本"的基本服务理念。

综上所述，全盘引进、本土融合、自主策划的入境展览各有千秋，但考验博物馆核心实力的是自主策划的入境展览。博物馆要逐步构建以自主策划为主，全盘引进、本土融合为辅的多层次入境展览策展体系，善于在新时代背景下开展内容创新、形式创新和传播创新，提升展览的体验性、时代性和独特性，发挥入境展览在丰富人民群众精神文化生活和促进文明交流互鉴中的重要作用。

中小型博物馆举办入境展览的路径探索研究

肇庆市博物馆　吴文丽　副研究馆员

肇庆市博物馆　黄文豪　馆员

肇庆市博物馆　叶宁玲　馆员

肇庆市博物馆　黎婕　助理馆员

一、研究背景

肇庆市博物馆成立于1979年6月，2009年5月被评为国家二级博物馆。2021年5月新馆开馆以后，肇庆市博物馆举办了两次入境展览，包括"'风从赤道来'基里巴斯文化展"和"大湾区艺术展览系列「创><艺互联」——石矢森林"。2022年举办的"'风从赤道来'基里巴斯文化展"是肇庆市博物馆举办入境展览的里程碑。2023年举办的"大湾区艺术展览系列「创><艺互联」——石矢森林"则开启了肇庆市博物馆与港澳文化单位联合举办展览的先河，这对于经济并不算发达的地级市来说，实属不易。这两次展览的成功举办得益于政府的大力支持、多方的通力合作，为中小型博物馆探索解决举办入境展览存在的问题提供了真实的研究案例。

博物馆"要在以中华文化、中华文明为道义基础的框架下，将异质文化间有共性和联系的部分作为博物馆对外展览工作的基础，并辅以去政治化的方式进行诠释"。❶ 在中国，出入境展览作为一类特殊的展览，涉及国际关系、不同文化的交融等问题。针对这一类展览，我国出台了许多具体的文件，以规范出入境展览的举办。2015 年国家文物局发布了《文物出境展览管理规定》，2012 年，国家文物局发布了《关于规范文物出入境展览审批工作的通知》，2021 年，国家文物局发布了《文物出境许可指南》。关于入境展览的申报流程，也包含在这几个文件中。❷ 中小型博物馆，特别是地方博物馆，目前大多只会涉及入境展。出境展则一般需要将级别较高的、品相较好的、具有重要的历史文化意义的馆藏文物作为基础，同时需要更多的资金和专业人才的支持。此外，入级文物的出境也需要层层审批，其中一级文物的出境需要国家文物局审批，还要注意避开禁止出境的文物，程序相对于入境展览来说要复杂得多。同时，大部分的地方博物馆并不具备举办出境展的能力和财力。因而，本文主要讨论中小型博物馆举办入境展览遇到的问题，探索举办入境展览的有效路径。

二、展览概况

1. "风从赤道来"基里巴斯文化展

"'风从赤道来'基里巴斯文化展"（见图1）是由肇庆市外事局、肇庆市文化广电旅游体育局主办，肇庆市博物馆承办的境外展览，展览场地约400 平方米，展线约100 米，展品11 件，是国内巡回展（联展）中的一站，此前已在青岛市举办。这是肇庆市博物馆新馆开馆以来举办的第一个入境展览，具有里程碑的意义。展览开幕式还邀请了基里巴斯莱恩和菲尼克斯

---

❶ 常嘉意.浅析中国博物馆对外文化交流中话语体系的基础[C]//中国博物馆协会博物馆学专业委员会.主编2020年"博物馆与中国特色话语体系构建"学术研讨会论文集,2020:88.

❷ 广东省博物馆协会,广东省文化和旅游厅.博物馆工作指南[M].桂林:广西师范大学出版社,2023;国家文物局与社会文物司(科技司).博物馆工作手册[M].北京:科学出版社,2021.

群岛发展部长等外国嘉宾前来参与，展览为两地架起文化桥梁，促进了两地的互学互鉴。此次展览制作了具有基里巴斯文化与肇庆两地风光照片的明信片和拼图。此次展览的成功举办，也为肇庆市博物馆后续举办入境展览积累了重要的经验。

图1　"'风从赤道来'基里巴斯文化展"现场

2. 大湾区艺术展览系列「创><艺互联」——石矢森林

"大湾区艺术展览系列「创><艺互联」——石矢森林"展览（见图2）根据肇庆博物馆展馆实际情况进行创作和设计制作，展出场地约400平方米，展线约200米，展品12件，展示了2名香港艺术家及设计师的组合作品，并配以多媒体展示艺术家对作品的创作讲解。

图2　"大湾区艺术展览系列「创><艺互联」——石矢森林"展览现场

这个展览在广东省内进行巡展，首轮展览系列在深圳、广州、佛山及东莞举行了线上线下展览，第二轮展览系列分别在惠州、珠海、中山、江门及肇庆举行了五场线上线下展览。作为大湾区展览系列组成部分，这个展览以创意与艺术带动了香港与其他大湾区城市的互联互通。

三、展览中遇到的问题

两个展览的举办过程中，主要遇到的问题及其解决方法主要有以下几种。

1. 展览的策展

不管是文字还是版面设计，场地支持方往往需要根据当地的政策、文化作出一定的调整，而送展方并不一定能够完全理解对方调整的原因，这时候就需要对接单位发挥其重要的"桥梁"作用，尽量使双方互相理解，并顺利推进展览的进程。

展览的送展方、承展方首先要确定展品的形式、数量、质量，选择合适的展览场地、展厅，确定由哪方出资，在此基础上制订详细的展览策展方案。只有展览策展方案确定后，才能开始有目的性地收集资料，开展系列申报工作。能否在分歧中达成一个共识，寻找到双方的平衡点，是入境展览能否顺利举办的一个非常重要的环节。在这两个展览中，肇庆市外事局和深圳市前沿艺穗艺术中心都很好地扮演了多边协调的角色，对推进展览的顺利举办起到了关键作用。

2. 展览申报

（1）准备符合相关规定的展览资料。入境展览需要提供大量的符合相关规定的展览资料，以供报批。申报资料需要各方共同准备，较为烦琐，需要承展方和送展方互相沟通、通力合作。以"大湾区艺术展览系列「创><艺互联」——石矢森林"展览为例，肇庆市博物馆主要是通过与深圳市前沿艺穗艺术中心沟通，由深圳市前沿艺穗艺术中心与香港特别行政区政府康乐及文化事务署进行直接的对接和沟通，并协调设计师、艺术家完善报批所需的文件。深圳市前沿艺穗艺术中心在承办香港入境展览方面具有较

丰富的经验,熟悉双方的文化差异和办事流程,对一些可能出现的问题有预知力,能够提前做好预防工作,并且对出现的问题能够提出有效的解决办法。

(2)预留足够多的申报时间。以肇庆市博物馆举办"大湾区艺术展览系列「创><艺互联」——石矢森林"展览为例,其申报程序为:首先,由肇庆市博物馆陈列部向本馆提出举办展览的申请,从申报到批复下来大约需要一周时间;其次,肇庆市博物馆需要提前10个工作日向肇庆市文化广电旅游体育局提出举办展览的申请;最后,肇庆市博物馆向广东省文化和旅游厅申请,在资料齐全且完全符合规定的情况下,需要在展览展出的45天至90天❶前提出申请,审批的时间为15个工作日。

也就是说,在所有流程都顺利的情况下,申报需要的时间是45天至90天,而在实际的操作过程中,每个环节都有可能超时。比如,如果在某个环节出现资料不全或者不符合规定的情况,需要退回补充材料重新提交,就会导致时间延长。而且申报要求一般是按工作日计算的,如果在提交资料后出现了一个较长的节假日,如春节、国庆节、五一国际劳动节等节假日,那么这个时间也会增加到审批的时间里。因此,在实际的操作过程中,"大湾区艺术展览系列「创><艺互联」——石矢森林"展览花了4个月左右的时间才完成所有的审批手续。在报广东省文化和旅游厅的过程中,"大湾区艺术展览系列「创><艺互联」——石矢森林"展览遇到了资料不足需要补充及重新呈批的问题。广东省文化和旅游厅允许肇庆市博物馆直接递交补充材料,减少了重新走一次由下至上层层报批的手续,使得这次展览的

---

❶ 广东省文化和旅游厅:涉外文化艺术表演及涉外文化艺术展览活动的报批注意事项》(涉外文化交流活动请提前2个月以上报我厅审批,涉国际活动需提前至少3个月报我厅);《境内涉外商业性艺术品展览审批》(在境内举办涉外商业性艺术品展览活动,应当由举办涉外商业性展览活动的单位,与展览日45日前向展览举办地省级文化行政部门提出申请). https://www.gdzwfw.gov.cn/portal/v2/guide/11440000MB2C87614P2440119022003.

审批时间没有被进一步延长。

3. 对展览的报道宣传

宣传报道的内容要尊重展览送展方和承展方的意见。承展方的宣传报道内容需要得到送展方的同意，送展方的宣传内容也需博物馆审核。双方要互相尊重、互相监督，达成一致的宣传口径。

在这两个展览的实践中，沟通与申报工作都比较顺利，展览的宣传报道都以送展方的编制为准。"'风从赤道来'基里巴斯文化展"虽然在疫情期间展出，受到了一定的影响，但是在促进和基里巴斯的友好关系上，起到了较大的作用。基里巴斯莱恩和菲尼克斯群岛发展部长在参观完展览后，对展览表示了肯定。对于"大湾区艺术展览系列「创><艺互联」——石矢森林"展览的宣传，肇庆市博物馆和香港特别行政区政府康乐及文化事务署使用的是同样的推文。这个展览受到了观众的热烈欢迎，参观人数超过了 5 万人。

四、中小型博物馆举办入境展览的路径探索

（一）现状与存在问题

1. 办展条件要求高

举办入境展览相较于普通展览，对馆场条件的要求会更高一些，中小型博物馆往往难以满足相关的要求，从而失去举办入境展览的机会。首先，中小型博物馆馆场面积相对较小，临时展厅一般只能承接中小型展览，很难承接中大型展览。其次，中小型博物馆是否具备能保持恒温恒湿的展柜等微循环控制设备，也决定了其本身是否能承办入境文物展览。最后，展厅的监控配置、安全消防级别、安保人员配备等条件也会影响中小型博物馆承办入境展览。肇庆市博物馆举办的两个入境展览均为现代艺术品展，两个展览的展品数量都在 15 件以内，可以裸展。所以肇庆市博物馆只需要提供 400 平方米的展厅，提供足够的安全保障，就达到了承办条件。但从长

远来看，提高博物馆的展馆、展柜条件是中小型博物馆未来能够举办更多优质入境展览的必然举措。

2. 办展经验及经费欠缺

以肇庆市博物馆为例，建馆以来，也只举办过这两个入境展览，而肇庆市博物馆是国家二级博物馆，新场馆建成于2021年，设备设施都比较新，从事陈列展览工作的工作人员也有多年的博物馆从业经验，但是在举办入境展览方面，仍然缺乏相关经验。1979—2021年，肇庆市博物馆并没有举办过入境展览，所以也就没有人懂得该如何实际操作。而级别和配置低于肇庆市博物馆的其他中小型博物馆，如果要举办入境展览，将会面临更多的困难。当然，经验来自于实践，积累举办入境展览的经验又需要有一定的时机和资源的支持。

相较于大型博物馆，中小型博物馆的运营费用相对较少，一般主要依靠国家、省、市拨付的经费，有些是依靠省、市两级的拨款，还有一些博物馆主要的经费仅来源于地方财政，而个别博物馆自筹经费，有些可以获得政府的一部分支持，有些则是完全自筹经费，或者是从一个单位或企业里拨付一部分费用用于博物馆的运维。举办入境展览，主要的费用有展览的借展费、运输费、保险费用、版面设计制作费。展览的运输及保险需要有专业资质的公司承办，这样能够保障展品的顺利运输和安全，但费用也会较高。因此，较高的费用往往会让地方中小型博物馆对入境展览望而却步。

3. 办展沟通过程较烦琐

语言文化等方面不同，中小型博物馆在举办入境展览时，经常还会遇到因为文化差异而引起的一些问题，从而导致送展方与承展方在展览内容、设计、报批程序等方面的调整和修改上出现一些理解上的偏差，从而增加双方沟通和协商的时间成本，承展方将自己的意见传达给送展方，需要经过"中介"的翻译，而送展方回馈意见也是需要通过"中介"，这也增加了双方沟通、协商的烦琐程度。

4. 专业策展人才不足

中小型博物馆举办入境展览，需要有外语人才的支撑。入境展览一般需要用两地的语言进行展示，在翻译展览内容的时候，还要注意文化上的差异，尽量做到精准地传达展览所要表达的信息。这就需要对展览内容进行专业翻译，还要对外语大纲进行审核。

对展览内容的翻译常常还涉及一些专用的名词，需要既具备外语语言能力又能理解需要翻译的展览文字背后的文化意义的人才，仅仅依靠馆内的外语人才也是不够的。

肇庆市博物馆在职的工作人员中，有 5 名全日制毕业的硕士研究生，3 名具有较好的英语沟通能力的工作人员。这个人员配置大致达到了可以承接入境展览的程度，但仍然需要依靠对接单位（中介）及专业翻译人员，才能更好地完成展览。中小型博物馆外语专业人才和承接入境展览的专业人才不足，是目前我国中小型博物馆普遍存在的问题。这与中国博物馆事业的发展有关，早年博物馆招聘的人才主要是文物保管、保护方面的人才，但现在为社会提供较好的公共服务也成为博物馆重要的业务之一，这就需要一个过程才能完成博物馆人才的增补和迭代，也需要各个博物馆在招聘新的工作人员的时候，吸纳更多的具备多方面专业技能的人才。除了招聘具有外语专业能力的人才之外，在举办入境展览的时候，还要依靠外援，配备专业的翻译人员，以此提高展览内容翻译的准确度。

5. 相关政策影响

各个地方对于博物馆举办各类展览都有一些具体的规定，特别是入境展览，更加需要在了解相关政策的基础上，并通过省、市文广旅体部门审批，才能顺利地举办。中小型博物馆在举办入境展览的时候，往往会出现对当地相关规定不够熟悉的情况。当然，这并不是非常严重的问题，是可以通过了解相关信息、与相关管理部门的工作人员进行沟通交流，获得更加详细的信息来解决的。

（二）路径探索

中小型博物馆举办入境展览是具有一定的可行性的，实践也证明，通过协调各方的诉求，按要求做好报备手续，中小型博物馆也可以较好地举办入境展览。如何更好地举办入境展览，本文将做一个简单的探讨。

1. 从博物馆自身出发

（1）加强学习，做好准备。与入境展览相关的政策文件较多，中小型博物馆要组织业务工作人员学习相关的政策文件，在熟读的基础上理解好文件的精神，也可以通过向大型博物馆、具备丰富的举办入境展览经验的博物馆从业人员进行咨询，或者派出工作人员到大型博物馆跟班学习等方式，学习先进的展览策划和办展经验，为举办入境展览做好准备。

中小型博物馆在举办入境展览的时候，要对展览的内容和形式做好筛选和甄别工作，引进能传播优秀文化的入境展览，警惕一些不合适的、不利于民族团结、不利于社会和谐、阻碍各国各地区友好交流互动的文化误传入境。

（2）配备专业人才。人才是一个博物馆发展的重要资源，中小型博物馆要实现可持续发展，就要从各个方面提高自身的业务能力，除了资金的支持之外，配备专业的人才也是非常重要的。配备外语专业人才，可以为举办入境展览提供较好的支持。不仅仅是在展览文本的翻译上需要外语人才，展览的相关活动也需要外语人才参与翻译、接待工作。参考一些大型博物馆的人才结构，从长远来看，博物馆需要招聘外语、博物馆学、宣传教育、考古学、法学等各方面的人才，从而既满足不断发展的博物馆事业对人才的需求，也为举办入境展览提供人才储备。如果短期内无法招聘到合适的专业人才，可以通过与开设相关专业的高校合作，也可以和具备相关职能的研究机构合作，通过签订合作协议等方式，获得专业人才培养方面的支持，从而为开展需要专业人才配合的入境展览等较为复杂的业务做好前期的人才储备工作。

（3）解决经费问题。在举办入境展览之前，必须明确经费由谁提供，是否能够保障展览顺利举办。没有经费的保障，再多的方案都无法落地。因此，中小型博物馆在举办入境展览的时候，第一个要考虑的就是经费是否能够落实的问题。如果能够得到合作方❶全额的经费支持，那是最好的情况；如果无法得到合作方全额的经费支持，也可以尽量争取更大份额的经费支持；同时在能力范围内，由承展方负担一部分的费用。从目前的情况看，参加入境联展，由合作方支付经费这个方法比较可行。中小型博物馆的日常运营费用一般是无法支持举办入境展览的。肇庆市博物馆在举办这两个入境展览的时候，并没有遇到需要自筹经费的问题，但这并不意味着每次引进入境展览都可以得到送展方的全额经费支持。因此，要解决举办入境展览的经费问题，就需要向上级管理部门申请经费，或寻求可以支付展览经费的合作方等。

2. 对外交往方面

作为中小型博物馆，要拓宽合作渠道，积极争取更多的机会举办入境展览。当前，我国博物馆事业蓬勃发展，博物馆之间的合作交流日益增多，博物馆与其他行业、单位的合作交流也日益增多。

（1）关注相关信息，积极申办入境展览。中小型博物馆要多关注省文化和旅游厅、当地文广旅体局（或管理文化业务的行政机关）的最新动态和通知信息，与上级主管部门多交流，多请示主管这部分业务的领导、工作人员，及时获取最新的信息，在合适的机会向主管部门申请举办入境展览。

（2）获取入境展览信息，寻求展览合作机会。博物馆要与当地外事部门保持较好的沟通关系，可以通过共建合作基地、业务交流学习等方式，

---

❶ 通常是送展方、上级主管部门、外事部门等。

多向当地外事部门咨询最新的入境展览信息，寻求展览合作的机会，主动向外事部门说明本馆具备举办入境展览的能力，力求引进更多的入境展览。

（3）拓宽合作渠道，增强与其他单位、企业的交流。博物馆也可以通过"走出去，引进来"的方式来拓宽合作举办入境展览的渠道。博物馆可以通过参加文博会、博览会、行业内的学术交流会议等方式，多与相关的单位、企业进行业务交流，了解行业的最新动态，寻求举办入境展览的合作单位和机会。中小型博物馆馆长、相关业务主管领导、陈列展览工作负责人和工作人员要多参加国家、省主管部门和地方博物馆界举办的业务交流活动，还可以到其他博物馆、单位进行面对面的深入交流、洽谈合作，增强彼此间的沟通和交流，发现合作机会，争取联合举办更多入境展览。

（4）加强与大专院校的合作。博物馆还可以通过与一些开设有涉外专业的大专院校合作，特别是一些开设有英语专业、小语种专业的大专院校，或者与国际贸易相关的大专院校。这些院校不仅有专业的外语人才，也有一定的涉外资源。与这些大专院校的合作，不仅可以为举办入境展览储备一些外语专业人才，也有助于获得更多举办入境展览的机会。

五、小结

较之大型博物馆，中小型博物馆在举办入境展览时会遇到更多的问题。但是通过熟悉入境展览相关的规定和文件、提前做好准备，预留更多的时间，克服举办展览过程中出现的困难和问题，中小型博物馆也可以成功举办入境展览。这主要是要有足够的资金支持、各合作单位的通力合作、适宜举办展览的设备等条件。

不同的文化虽然有差异和冲突，但人类对美好生活的向往、对美好事物的追求是一致的，博物馆作为一个展示文化的场所，为不同文化的交流提供了一个很好的平台。❶ 举办入境展览，对于提升博物馆的形象，塑造所在城市的国际形象，促进"文化外交"具有非常重要的作用。博物馆努力的目标在于，如何利用好馆藏的资源，更好地传播中华文化，同时也为其他民族的优秀文化创造一个展示的平台，从而丰富观众的精神生活，拓宽观众的眼界，提高观众对不同文化的包容度。

---

❶ 陈莉.国际关系视角下的博物馆对外展览:作用与挑战[J].东南文化,2021(8).

博物馆小型外展新模式探索
——以"丝绸与丝路"系列主题展为例

中国丝绸博物馆　李晋芳　馆员

中国丝绸博物馆　周娅鹃　副研究馆员

中国丝绸博物馆　杨寒淋　馆员

一、引言

博物馆对外展览的重要性不言而喻，已有众多学者从不同角度进行了阐释。从国家外交的角度来看，博物馆对外展览也是一种特殊的外交行为。❶ 博物馆通过展示内容实现国家的外交目标、宣扬外交理念及塑造国际形象。对外展览促进了中国与其他国家的文化交流，为中国人民与其他国家人民的友谊搭建了桥梁、营造了氛围，推动了人类和平与发展，这是博物馆所肩负的重要使命。❷ 从传播学的角度来看，近年来博物馆在展示和宣传方面的媒介化趋势日益显著。博物馆展览已被整合为一个具有高度综合性和统一性的面向受众的叙事文本或者互动现场。❸ 博物馆外展活动不仅具有信息传递和文化交流的功能，还具有教育引导等多重价值。

---

❶ 赵君香.我国博物馆国际展览与文化传播研究[J].理论学刊,2019(3):153-160.

❷ 陈新宇."一带一路"倡议下的博物馆外交研究[D].沈阳:辽宁大学,2022:4.

❸ 曹兵武.博物馆的媒介化趋势及其实践意义[J].博物院,2019(5):82-85.

综上，博物馆对外展览具有重要价值和意义。

二、外展的类型

我国的外展主要以文物展示为主，最早的文物出境展览可追溯到1935年❶，随着新中国的成立和改革开放的推进，文物出境展览数量迅速增长，21世纪以来，各种类型的对外展览百花齐放。

（一）界定

近些年国内博物馆在馆内举办各种形式的非文物展览很多，进校园的社教推广活动也做得如火如荼，"流动博物馆"理念开始盛行，非文物展览已经成为"让文物活起来"的重要方式。与此同时，随着国外对于非文物展览的需求越来越大，举办灵活轻便的非文物外展逐渐成为"文物"走出去的另一种手段。这不仅更加契合中国博物馆国际化的趋势，也更符合广大中小型博物馆的现状。

为此，本文尝试扩充"对外展览"的概念，将利用博物馆馆藏文物或现当代藏品，在中国境外实地举办或线上举办的各类以文物为主题的展览都定义为对外展览。

（二）类型

本文通过梳理近几年国内外博物馆的外展实践活动，大致将对外展览分为以下几类。

一是按展品类型可分为文物展览和非文物展览。传统的文物展览主要在本国外文博机构举办，对目的地展厅的专业性要求高，文物运输难度大，展厅文物管理和维护成本高、风险大，但能取得很好的展示和传播效果，国际影响力大；而非文物展览的展品可包括文物复制品、复原品、3D打印品、现当代藏品、高仿工艺品、文物图片等，相对于文物展览而言，非文

---

❶ 张阳.陕西省文物出境展览研究[D].西安:西北大学,2019:9.

物展览吸引力较弱、影响力有限，但成本可控、手续简便。不过非文物展览对展览策划和传播工作依然有着很高要求，展览需表达出展品背后的故事，以提升非历史文物展品的吸引力。

二是按展品数量或者展厅面积可分为大型展览、中型展览和小型展览。大型展览（200件/套以上）规模宏大，内容丰富，常涉及广泛的主题和多样的展示形式，能够为观众提供全方位的文化体验。中型展览（100~200件/套）虽规模不及大型展览，但也具备一定的展示深度和广度，适合专题性或区域性较强的主题。小型展览（100件/套以内）更加精致，通常围绕特定主题进行深度阐述和展示，能够在有限的空间和时间内为观众提供高质量的观展体验。展厅面积也是划分展览规模的一个标准。

三是按展览方式可分为线下展览和线上展览。传统意义上的外展，多为线下展览。随着数字媒体技术的发展和线下办展的条件限制，越来越多的博物馆推出了线上外展，通过线上实现本土文化的海外传播。比如，首尔历史博物馆于2017年在梵蒂冈城举办的国际交流展览"活着，也能如愿"，该展览突破了现实空间的限制，通过虚拟情景再现，在天主教会的本部梵蒂冈城展出了韩国天主教艺术品。❶

四是按策展的方式可分为外方主导型展览、中方主导型展览和合作策展型展览。外方主导型展览由外方机构或策展团队负责展览的整体策划、设计和执行，博物馆提供展览场地和相关支持。中方主导型展览由中方机构或策展团队主导并自主策划展览，通常展示本国具有高辨识度、自带流量等特质的文化符号。合作策展型展览由中外双方共同参与策展工作，这类展览融合了双方的资源和优势，展览内容更加丰富和多元。

五是按展览目标可分为服务国家外交类展览、满足博物馆自身发展类展览和提高经济效益类展览。服务国家外交类展览通常具有较高的政治和

---

❶ 吴志英,崔婷.超级连接时代的博物馆展览：消除边界、共同协作：以首尔历史博物馆国际交流展"活着,也能如愿"为例[J].博物院,2018(4):28-32.

文化内涵，以展览来促进文化交流和互动，促进国际理解和合作。策划满足博物馆自身发展类的展览主要是为了提升博物馆的学术研究水平和行业影响力，保持其在文化和学术领域的地位。提高经济效益类展览通常会考虑商业化运作，通过门票收入、展览衍生品销售和企业赞助等方式，实现经济收益。这类展览一般具有较高的观赏性和娱乐性，能够吸引大量观众，从而实现经济效益和社会效益的双赢。

三、中国丝绸博物馆小型外展的实践

中国丝绸博物馆（以下简称"国丝馆"）是以中国丝绸为核心的丝绸纺织服饰文化遗产收藏、保护、研究、展示、传承、创新的非营利性常设机构。国丝馆自1993年至今，先后赴加拿大、美国、法国、捷克、俄罗斯、墨西哥、哈萨克斯坦、芬兰、意大利、匈牙利等26个国家举办了39个中国丝绸文化主题展，向海外观众全方位展示了东方大国厚重的文化底蕴和高超的丝绸技术。

2019年起，国内博物馆的外展数量大幅减少。为此，国丝馆以便捷可行的展品运输方式为切入点，创新策展模式，2021—2023年国丝馆举办了7次不同主题的对外展览（见表1），初步构建了以"丝绸与丝路"为主题，以"丝绸之技""丝绸之艺""丝绸之路"为展览单元，从杭州到多地辐射的对外展览模式。

表1 国丝馆2021—2023年七次"丝绸与丝路"对外展览

阶段	时间	地点	主题
诞生	2021年6月	法国巴黎	从丝绸到丝绸之路
完善框架	2021年9月	比利时西弗兰德省孔子学院	从丝绸到丝绸之路
双城定制	2022年7月	乌兹别克斯坦撒马尔罕国立博物馆	丝绸与丝路：从杭州到撒马尔罕
	2022年7月	乌兹别克斯坦撒马尔罕国立博物馆	丝绸与丝路：从杭州到撒马尔罕（线上）
	2022年8月	捷克布拉格	丝绸与丝路：从杭州到布拉格

续表

阶段	时间	地点	主题
走向线上	2022年11月	美国威廉帕特森大学中国艺术中心和帕特森博物馆官网	丝绸与丝路：从杭州到帕特森（线上）
中外方合作策展	2023年11月	乌兹别克斯坦撒马尔罕国立博物馆分馆	丝绸与丝路：从杭州到撒马尔罕

（一）选题契合国家需要，符合国家外交大局

这些展览主要具有以下几方面特点。

博物馆外交活动要与我国的文化发展方向相符合，要为国家实现对外传播文化目标、树立良好国际形象而服务。[1]

国丝馆以"丝绸与丝路"为主标题，以"从杭州到目的地城市"为副标题，从国丝馆自身特色出发，立足丝绸故事，向全世界讲述丝绸文化的中国特性，并将其延伸至"丝绸之路"这一具有国际影响力的历史文化主题。在展览中，国丝馆不仅融合了本土丝绸文化的历史文化特征，还兼顾了当地历史文化的特点，在"本土化"与"全球化"中找到了连接点、共鸣处。这种展览设计符合近年来我国博物馆举办国际展览时从单一的异族文化展示和传播，逐渐转向多文化交融共鉴的融合叙事传播。[2] 同时，它与"一带一路"倡议相契合，为推动全球文化多样性做出了积极贡献。

以"丝绸与丝路——从杭州到帕特森"云展为例，该展览在美国威廉帕特森大学中国艺术中心和美国帕特森博物馆网站正式上线。云展集中了来自41家博物馆的84件（套）藏品，以清代杭州画家吴祺《纺织图册》为序，分"丝绸的起源与发展""丝路故事""欧洲——丝绸新中心"和"美国丝绸之城——帕特森"四个单元，讲述了丝绸的起源和发展，通过丝

---

[1] 陈新宇."一带一路"倡议下的博物馆外交研究[D].沈阳:辽宁大学,2022:40.

[2] 郭斐珺,马凌.以博物馆为媒介:新时代国际传播的一种方法[J].当代传播,2022(1):39-43.

绸之路得以传播和走向世界的故事。帕特森是美国历史上的丝绸之城，和丝绸之府杭州正好是一对"姐妹城市"。策展时国丝馆以此为灵感，在第三单元讲述了丝绸来到地中海沿岸的欧洲地区的历史，欧洲在9—17世纪成为丝绸的新中心，第四单元借用帕特森博物馆丝绸生产工具和丝绸样品的数字藏品，让观众从欧洲来到大洋彼岸的美国帕特森，在工厂织机的轰鸣声中感受这座"丝绸之城"的辉煌与魅力。

（二）展览结构"3+x"模式，突出当地特色

展览始终围绕"丝绸与丝路"，构建菜单式框架，以"固定内容+定制内容"，坚持"3+x"模式（见图1），进行定制化展览设计，突出当地特色。其中，展览的前半部分"丝绸之技""丝绸之艺""丝绸之路"介绍丝绸在中国的起源、丝绸生产的过程、丝绸的图案及各种衍生品、丝绸之路从开通到成为世界文化遗产的过程，属于该系列展览的固定内容。展览的后半部分则是根据当地情况设计定制内容，实现"丝绸与丝路"故事的全球化表达。

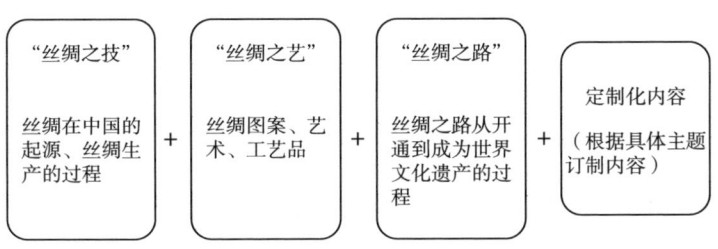

图1 "丝绸与丝路"系列主题展结构

以乌兹别克斯坦撒马尔罕国立博物馆展览为例，该馆位于丝绸之路上重要的枢纽城市——撒马尔罕，其壁画馆的一楼是著名的阿弗拉西亚卜大使厅，厅的四面墙上仍保留了部分壁画，描绘了约公元658年前后，大唐使团、吐谷浑人、突厥人等前来为康国（现今撒马尔罕）国王册封表示祝贺的盛会。展览场地正好位于壁画厅上方，在策展时国丝馆团队抓住该博物馆的特色，选用了现代电子提花织机，复原壁画上9种图案的中亚织锦，并用这些织锦再制作了石国使者的锦袍、大唐使者的绫袍，同时制作了壁画的3D模

型，通过3D和2D图像的组合，讲述丝绸在丝绸之路上传播的故事，使文物活起来，生动地还原了壁画中丝绸之路上一次多元文化相汇的"峰会"盛况（见图2）。

图2　乌兹别克斯坦展览现场图

展览将文物复原与当地博物馆历史文化遗产以及展览体系相结合，成功打造了"中国展厅"，再现了丝绸之路多元文化相汇的盛况，得到了乌兹别克斯坦文化遗产部门、馆方、中国驻乌兹别克斯坦大使馆及当地游客的一致好评，当地媒体还进行了专门报道。

（三）展品"经典""精美""紧凑""物尽其用"

展品具有内容策划、展品挑选和包装的特点，可总结为"经典""精美""紧凑""物尽其用"四个关键词，即展品经典，可以讲故事；展品精美耐看；展品紧凑体积小易包装；展品重复利用，控制成本。

从类别上看，展品主要包括复原类（如服饰文物、图像文物、乾隆色谱）、非遗精品类（如织锦旗袍、潮绣龙凤褂裙、缂丝、创新工艺丝巾）（见图3）、模型类（如织机、蚕的生长过程、各类纺织工具）和数字媒体类（如养蚕缫丝工艺、丝绸织造过程等相关视频）。展品虽然不多，但也基本反映了丝绸文化、技术和艺术的主要方面，以具有特色性的展品展现了中国丝绸的起源和现在的发展情况。

图 3　法国展览现场

从叙事方式来看，展览揭示了物与人之间的关系。这种关系可能是通过展品本身所具有的故事性，或者通过多个展品之间的关联性来呈现。前者强调展品自身所包含的历史背景和文化意义，而后者则通过不同展品之间的编排与组合，构建出更为综合且具有连贯性的叙事结构。

（四）携带式"Box show"

"Box show"是指小型非文物展览，区别于传统的展品运输方式，这种展览的展品使用行李箱或其他不同尺寸箱子来运输。行李箱或包装方式的设计与展览主题贴近，它们本身可作为展品的一部分进行展示。比如，国丝馆特别设计了以"丝绸之路上的动植物"为主题的行李箱作为展品运输工具（见图4），并且这一设计延续使用，成为了"丝绸与丝路"展览品牌的标志之一。

国丝馆"Box show"的灵感来源于2018年在里昂中法大学举办的第三届法国丝绸节上由 Silk me back（法国丝绸设计协会）举办的"丝绸大使馆"展览。该展分为三个单元，收集了中法两国的收藏家的藏品和艺术家的作品，种类丰富，包括丝绸邮票藏品、现代和服和刺绣、丝绸和编发具、尼泊尔丝绸地毯、提花锦缎等，讲述了丝绸之路上的古老丝绸技艺和文化在中法之间传播的故事。行李箱和部分展品以"提花织机上的纹板针孔图案"为主题设计。行李箱不仅是运输工具，也是展品。

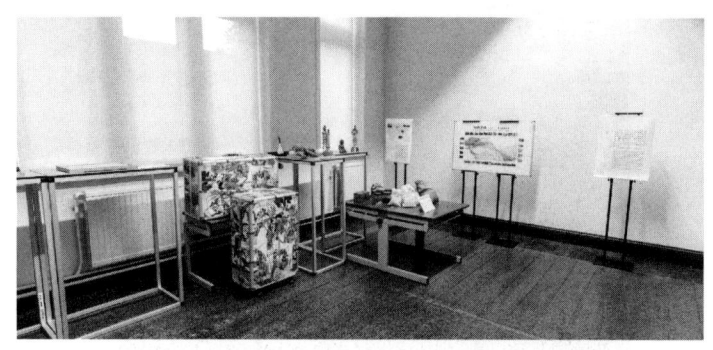

图 4　Box show 行李箱及比利时展览现场

策展人伊莎贝尔·穆林（Isabelle Moulin）女士认为："行李箱是丝绸之路上一个标志，跟'丝绸大使馆'展览的主题十分契合。这些行李箱是定制的，不仅是协会的藏品，也会借给其他博物馆展览。目前，我们也在继续践行这个设计理念。"

（五）创新做法：首次联合策展，使用当地文物展品

在上述模块儿策展实践以外，适当进行创新探索。2023 年，在乌兹别克斯坦撒马尔罕国立博物馆举办"丝绸与丝路——从杭州到撒马尔罕"系列第二个展览时（见图 5），为了解决展览缺少重要文物展品的问题，同时加强与当地文博机构的深度合作，国丝馆策展团队与乌兹别克斯坦科学院考古所的研究人员进行了多次讨论，最终决定以中国和乌兹别克斯坦重要考古遗址为线索，展出中国新疆出土的重要丝绸文物的复原品、乌兹别克斯坦科学院考古所费尔干纳盆地出土的公元 3—5 世纪的丝绸残片和服饰，以及乌兹别克斯坦撒马尔罕国立博物馆所藏阿弗拉西卜遗址出土生活用品和丝绸服饰的图像资料，最终呈现了中乌两国历史文化中以丝绸为主线的交流互动的生动故事。

图 5　乌兹别克斯坦撒马尔罕国立博物馆"丝绸与丝路：从杭州到撒马尔罕"展览现场

四、策展原则

对外展览作为国家的"文化使者"，通过策展讲述本国的"文明故事"，应该同时具备国家战略支持的"象征性"和博物馆策展运作的"专业性"两个方面。从象征性角度出发，"作为一国重要的文化和公共服务机构，博物馆输出的国际展览往往被解读为一种国家意志，代表着输出国政府的外交态度和国际立场，而政府的参与和支持，对于展览塑造的国家形象，会产生更加直接和显著的影响。"❶ 从专业性的角度出发，博物馆如何策划一场展览，展示哪些内容，以及用什么方式和手段来呈现这些展品，都对建构国家形象这个目标有所影响。在上述实践过程中，我们积累了经验，但也遇到很多挑战。在此我们就已有的经验总结了以下原则。

（一）表达开放意愿，展现国际视野和人文精神

作为一国"文化使者"的对外展览，其规模与展品质量或者说是展品的特殊性可能比展览主题更加重要。就我国的情况而言，对外展览的重要

---

❶ 孔达.试论博物馆对外展览建构国家形象的价值与路径[J].东南文化,2018(5)：107-114,128.

程度往往体现在展品的数量上，特别是一级文物的比例上。中国大部分的对外展览都是以精品文物或藏品为主，规模大、成本高。与此同时，这类精品展对于国家级和省级大馆来说，可实施性较强（从目前我国举办的对外展览来看，国内出借文物并为展览提供支持的博物馆大多都是中央和地方共建博物馆，如上海博物馆、湖北省博物馆、陕西历史博物馆等）。这些博物馆有丰富的外展经验，在安全问题上也有比较成熟的工作方案。❶ 但对于中小型博物馆来说，则面临财力、人力、外展实施经验、传播等方面的诸多困难。对外展览本质上来说，是通过"国宝"展览的输出，展现中国友好开放的外交态度。❷ 国丝馆在2019—2022年举办的小型外展，展示了中国丝绸文化绵延深厚的传承积淀，展示了中国人对外开放的态度。这类展览虽然规模不大，却以鲜明的主题、精致的策展和适应国际观众的叙事方式体现出中国博物馆在国际传播中日益增强的专业能力和全新视野，折射出中国持续推动文化交流、主动讲好中国故事的开放姿态。

（二）选好主题和展品

展览应该以博物馆宗旨为本，以本馆藏品特色和研究专长为纲。❸ 在挑选展品时应注重真实性、代表性和系统性，发挥信息与符号的作用，并由此延伸出其他价值。所谓"发挥信息与符号的作用"，是指展品不仅传递知识信息，还能通过其象征意义引发观众的理解与共鸣。❹

博物馆的专业策展是通过展览塑造国家形象的基础。❺ 通过有思想和有

---

❶ 陈新宇."一带一路"倡议下的博物馆外交[D].沈阳:辽宁大学,2022:33.
❷ 孔达.试论博物馆对外展览建构国家形象的价值与路径[J].东南文化,2018(5):107-114,128.
❸ 沈辰.构建博物馆:从藏品立本到公众体验[J].东南文化,2016,(05):6-11.
❹ 曹兵武.博物馆的媒介化趋势及其实践意义[J].博物院,2019(5):82-85.
❺ 孔达.试论博物馆对外展览建构国家形象的价值与路径[J].东南文化,2018(5):107-114,128.

思路的策展，在特定主题下将不同时期的历史文物，或近现代、当代艺术品等组合成特展，用历史和艺术并重的方式立体展示中国文化，是目前可行的一条道路。❶ 比如"3+x"的策展模式，以固定内容为基础，同时深挖当地特色，提高小型外展策划和实施效率及探索创新能力，通过小型外展促进博物馆对外交流的可持续发展。

（三）打造可持续的主题品牌

外展大多针对不熟悉中国文化的观众，策展难度较大，尤其是在缺少大量珍贵文物的情况下，小型外展仍要"麻雀虽小，五脏俱全"。因此，博物馆应梳理自身藏品，发掘自身特色，寻找最适合在境外进行展览的题材，并适当拓展，打造具有特色、能让外国观众感兴趣的故事，通过风格统一和具有特色的展览标题、展品、包装运输方式和展示形式，形成独有的对外展览品牌。

采取"一展多地"和"一地多次"两种策略，博物馆可以在全球范围内建立起稳固的文化传播网络，实现展览内容的深度和广度同时拓展。在当前愈发保守的国际文化语境下，为中国文化的全球传播做出积极贡献，有助于提升博物馆自身在国际舞台影响力和地位。

五、余论

（一）重视绩效评估

小型外展因其规模较小，通常具备灵活性和快速响应能力，能够在较短时间内组织和实施。尽管成本较低，但其所能传递的文化信息却不容小觑。通过对展览主题与目标的匹配度、观众反馈意见的收集分析及展览后续影响的长期跟踪评估，可以全面了解展览的实际效果和社会价值，以更好地优化展览内容。

---

❶ 陈履生.文物海外展览——中国文化"走出去"的桥梁[J].群言,2022(5):7-9.

(二) 增强观众前置性研究

在展览举办过程中，我们更多地将目光集中在策展、布展和撤展等流程性问题上，对于展览本身与当地民众的互动交流，以及展品的讲解与诠释却缺乏重视。实际上，博物馆外交作为文化外交的一个组成部分，其核心任务是传递价值、理念和思想，通过展览的方式去影响和塑造观众的认知和情感。我们在外展中不是展示一件件冰冷的文物，而是传递蕴含其中的中华文化精神。要想阐释好其中的文化精神，必须依靠博物馆的配套文化活动。❶ 做好前置性研究，了解目标观众的文化背景、兴趣和需求，更好地设计展览内容和互动方式，以增强观众的参与感和体验效果。

(三) 改善相关政策和法律环境

世界在变化，博物馆也在变化。❷ 博物馆对外展览作为博物馆国际交流与合作的一项主要内容，其未来发展也有赖于博物馆国际交流与合作体系的健全和完善，也有赖于文博行业整体政策、法律环境的改善。❸ 期盼有关部门能大力支持博物馆探索新的小型外展模式，同时监督博物馆外展的绩效评估，提高博物馆对外展览工作统筹规划、策划实施、总结提升的能力和效率。

本文希望为博物馆探索举办小型对外展览提供可借鉴的经验，使博物馆能够更好地通过对外展览工作服务于国家对外交流，从而也使博物馆在中华文化国际传播的进程中发挥更大作用。

---

❶ 陈新宇."一带一路"倡议下的博物馆外交[D].沈阳:辽宁大学,2022:34.
❷ 沈辰.构建博物馆:从藏品立本到公众体现[J].东南文化,2016,(5):6-11.
❸ 韩翙玲.提升我国博物馆对外展览对策研究[D].上海:复旦大学,2011:3.

洛阳博物馆国际交流实践

——以展览为例

洛阳博物馆 李雅菲 馆员

洛阳是著名的十三朝古都，历史文化积淀深厚，物质与非物质文化遗产资源丰富。洛阳博物馆在这片土地上丰厚的历史文化遗产滋养下不断发展提升，始终以弘扬、展示河洛文化为己任，挖掘利用馆藏文物资源，以实施陈列展览精品工程为桥梁，紧紧围绕"一带一路"倡议、"亚洲文明交流互鉴"这两大国家主题，积极加强与国际博物馆的交流与合作，展现中华传统文化的魅力，让世界了解洛阳历史、了解中国文化。

一、打造特色展览主题，推动展览"走出去"

近年来，洛阳博物馆策展团队不断整合洛阳地区文物资源，深入发掘文物背后的故事，围绕"丝绸之路""洛阳唐三彩""北魏洛阳"这三个主题策划出了系列出境展览。洛阳博物馆先后赴瑞典、波兰、乌兹别克斯坦、日本、韩国等国举办了"洛阳——丝绸之路上的世界大都会：唐代文明展""洛阳唐三彩艺术展""古代百济与洛阳佛教文化交流展——百济定林寺与北魏永宁寺""梦回布哈拉——唐定远将军安菩夫妇墓出土文物特展"等展示河洛文化、弘扬中华文化的陈列展览，扩大了河洛文化和中华传统文化在海内外的传播力和影响力。

（一）丝绸之路主题展览

丝绸之路是古时东西方交往和贸易的要道，在东西方文明交流中有着重要地位。洛阳作为丝绸之路的东方起点之一，吸引了诸多外国商人往来于此，留下了许多见证丝绸之路发展的珍贵文物。由此策展团队详细梳理了馆藏汉唐时期丝绸之路相关陶瓷器、金银器等文物，以"传播丝路精神，加强对外交流"为核心，策划或参与了国际丝绸之路主题展览。2015年9月，洛阳博物馆与省内文博单位在瑞典远东世界文化博物馆联合举办了"洛阳——丝绸之路上的世界大都会：唐代文明展"，展品有金银器、陶瓷器、唐三彩、石刻造像等文物。展览由"帝国东都——唐代洛阳城""神都遗珍——唐代皇室宝藏""盛事和晏——唐代的社会生活""辐辏万邦——唐代的中外文化交流""海纳百川——唐人的宗教信仰"等五个单元组成，向瑞典观众展示了唐代洛阳作为丝绸之路上的世界大都会，商贸繁荣、政治通达、开放包容的城市风貌，增进了中瑞两国历史文化交流。2017年11月，洛阳博物馆参加了由国家文物局主办，陕西省文物局、甘肃省文物局、新疆维吾尔自治区文物局、中国社会科学院考古研究所和洛阳市文物局承办，在香港历史博物馆举办的"绵亘万里——世界遗产丝绸之路"展览，进一步加强了洛阳与香港特别行政区之间的文化交流。2019年6月，洛阳博物馆赴乌兹别克斯坦首都塔什干国家历史博物馆举办了"梦回布哈拉——唐定远将军安菩夫妇墓出土文物特展"。展览以7—8世纪中国唐朝与安国友好交往为背景，以安菩夫妇墓出土的75件重要文物为支撑，以安菩家族在唐朝中原的活动轨迹为主线，讲述了大唐安菩夫妇墓的发现及其家族融入唐代社会生活的完整故事，并延伸至开放的唐代社会生活及精神信仰，以小见大、层层深入地展现了唐代中国与中亚地区友好交往的历史。❶ 2023年

---

❶ 黄超，李思思.见证丝路传奇 续写中乌友谊："梦回布哈拉——唐定远将军安菩夫妇墓出土文物特展"展览纪略[N].中国文物报，2020-3-27(8).

9月，洛阳博物馆精选馆藏唐三彩、金银器、石器等与丝绸之路主题相关珍品文物参与了东京富士美术馆与中国文物交流中心、朝日新闻社共同推出的"世界遗产 大丝绸之路展"，进一步向世界展示了洛阳这座古老城市所蕴含的历史文化。

（二）洛阳唐三彩主题展览

洛阳唐三彩，在造型、釉彩、装饰等方面独具特色。作为唐代的一种主要随葬明器，它是唐代人们理想的物化，是时代审美的集中体现❶，也是唐代东都洛阳恢弘繁华的气象风貌的全面生动展示。因此，策展团队根据馆藏唐三彩的类型与特征，深入挖掘其背后蕴含的历史文化信息，策划而成了洛阳唐三彩主题展览，并于2015年11月与河南博物院、河南省考古研究院、巩义博物馆等省内文博单位联合赴台湾历史博物馆举办"盛世风华——洛阳唐三彩特展"，向台湾观众展示了洛阳唐三彩的精湛工艺和精美造型，同时也通过不同类型和主题的唐三彩让观众了解到唐代洛阳丰富多彩的社会生活和多元开放的文化风尚。

波兰是最早与中国建交的国家之一，也是"一带一路"沿线的重要国家。为增进中波文化交流，洛阳博物馆于2017年12月15日—2018年3月10日在波兰卢布林博物馆举办了"洛阳唐三彩艺术展"。此次展览分为"三彩故乡""盛世人文""琳琅美器""丝路胡风""精神家园"五个部分，展出文物包含文武官俑、女俑、日常器用、胡俑、动物俑、镇墓兽等三彩文物珍宝，在形式设计时辅以中、英、波三种语言的展板及视频，最大程度上促进了波兰人民对中国河南尤其是洛阳历史文化的了解。

（三）北魏洛阳主题展览

北魏孝文帝太和十七年（493年）宣布迁都洛阳，而后北魏洛阳城成为当时汇聚南北的国际大都市，在这里诞生了北魏多元融合、独特灿烂的政

---

❶ 罗微.论洛阳唐三彩的历史展现[J].洛阳大学学报,2003(1):21.

治、经济、文化。同时佛教兴盛,皇家贵族纷纷在洛阳城内兴建伽蓝,盛时多达1 300余座,永宁寺则是当时最负盛名的皇家寺院。定林寺是公元538年百济迁都泗沘(今韩国扶余)后的皇家寺院,其寺址是百济时期佛教寺院遗址中较有代表性的重要遗迹。❶ 同为皇家寺院的永宁寺与定林寺在寺院布局、出土文物,尤其是佛教塑像、莲花纹瓦当等方面有一定的相似之处,从中可以见出百济和南北朝的交往。基于此,洛阳博物馆于2015年11月在韩国扶余博物馆举办了"古代百济与洛阳佛教文化交流展——百济定林寺与北魏永宁寺",展出定林寺与永宁寺出土塑像、瓦当及其他相关文物,通过探究两地出土文物之间的联系,向韩国观众展示了佛教文化在东亚的传播,以及百济与北魏的文化交流与政治往来。

为进一步加深中韩两国之间的文化交流,2021年洛阳博物馆抓住"中韩文化交流年"的重要活动契机,联合大同市博物馆、呼伦贝尔博物院共同策划了"交融·魅力——北魏鲜卑拓跋部的历史足迹"展览,于2021年10月19日—2022年2月27日在韩国国立扶余博物馆、韩国汉城百济博物馆进行巡展。展品主要有呼伦贝尔嘎仙洞、大同司马金龙墓、洛阳杨机墓等出土的石器、陶器、瓷器、青铜器等各类文物85件(组),展览分为"鲜卑拓跋部的南迁""平城时代与洛阳时代""佛教的兴盛与伽蓝梵呗"三个部分,向韩国公众讲述了鲜卑拓跋部带着森林民族勇猛刚健的特质,从嘎仙洞出发一路南下到达盛乐、平城,最终定都洛阳,并不断自我革新与发展,促进各民族交流与融合的历史。在展览策划中,还与韩国国立扶余博物馆策展团队合作,加入了同时期朝鲜半岛与中原交往的内容,使展览叙事更加完整,也更具国际视野,对观众了解南北朝时期东亚地区的文化交往有所帮助。

二、以交流促提升,引进境外高质量展览

除出境展览以外,洛阳博物馆还不断与国内外文博机构合作,引进高

---

❶ 梁银景.百济佛教寺院遗址的相关问题研究[J].考古学报,2014(2):171.

质量展览。2019 年，洛阳博物馆举办"从地中海到中国——平山郁夫藏丝绸之路文物展"，展出了平山郁夫先生收藏的 17 个国家的约 200 件展品，其中的展品展现的文明包括美索不达米亚文明，古希腊-罗马文明，古代波斯文化，展品还有佛教美术源头的犍陀罗佛教雕刻和中亚地区文物等，这些展品让观众领略了古代丝绸之路上亚洲古国的文明魅力。同年，洛阳博物馆和韩国国立扶余博物馆共同主办的"合作互鉴——中韩博物馆交流二十周年特展"在洛阳博物馆开幕。展览共展出两馆珍藏文物 16 件（组），文物复制品 16 件（组），图版、视频、图书等辅助展品 60 多组，其中包括韩国百济金铜大香炉、鸡林路宝剑、玉虫鞍桥、凤首形琉璃瓶等文物和学术交流、文物修复等成果，深度展示了中韩博物馆合作交流的历程及丰硕成果，也对中韩博物馆之间的全方位、多层次合作与互动方式有了新的诠释。引进境外高质量展览不仅是对洛阳博物馆原本展览体系的扩充，给观众带来独特的文化体验，也能够开阔观众的视野，有利于将河洛文化放置在全球视角中进行审视和研究。同时在实施展览过程中，通过学习、借鉴不同国家和不同博物馆的策展理念和方式，也有助于策展团队的专业能力和素质的提升。

三、以展览为桥梁，增进国际博物馆间的学术交流

博物馆展览作为文化、知识、信息、观念和思想的传播媒介，其表现的内容必须建立在客观、真实的学术研究基础之上。❶ 学术研究成果对展览的重要性不言而喻，反过来，展览同样也可以成为深化博物馆学术研究的重要动力。近年来，洛阳博物馆不断尝试以展览为核心，逐步扩大博物馆交流的外延，促进与国外博物馆的学术交流。以洛阳博物馆与韩国国立扶余博物馆为例，20 余年间，两馆在展览策划、文物修复与状态监测、文博学

---

❶ 陆建松.论地方博物馆展览学术支撑体系建设[J].东南文化,2011(4):6.

术研究等方面取得了丰硕交流的成果。以这些学术成果为支撑，两馆相继合作举办了"古代百济与洛阳佛教文化交流展——百济定林寺与北魏永宁寺""合作互鉴——中韩博物馆交流二十周年特展"与"交融·魅力——北魏鲜卑拓跋部的历史足迹展"。但同时，洛阳博物馆也以展览为抓手，与韩国国立扶余博物馆共同开展了永宁寺与定林寺彩绘泥塑使用颜料的成分分析等相关课题研究；举办了"友好关系20年"相关讲座，邀请韩国国立扶余博物馆的研究人员、韩国国立全州博物馆的研究人员分别就文物修复科学、韩国金属文物的修复、韩国书画文物的修复处理等内容做了专题讲座，加强两国博物馆专业人员之间的学术交流。此后，洛阳博物馆还参与了以"交融·魅力——北魏鲜卑拓跋部的历史足迹"为主题的国际学术研讨会，来自中国、韩国、日本、俄罗斯、蒙古5个国家的专家学者从历史学、考古学、美术史等领域展开讨论，进一步扩大了各国博物馆之间的学术交流范围，为国际历史文化交流互鉴搭建了开放的平台。

四、结语

洛阳博物馆作为中小博物馆，依托馆藏资源，以举办或参加出入境展览为契机，增进与不同国家和地区博物馆的对话和互动，为中外文化交流贡献了力量。同时在展览策划与实施的过程中，也不断学习他国博物馆优秀策展经验，及时更新策展理念，不断提升展览质量、策展水平和学术研究能力。以展为媒，洛阳博物馆在洛阳地区构建起了博物馆国际交流平台，为洛阳国际人文交流平台的打造、提升洛阳国际知名度和影响力打下了更坚实的基础，做到了用"洛阳声音"讲好中国故事，传播中华优秀传统文化。

中外中小型博物馆展览策划与实施对比研究

辽宁大学 安娜 硕士研究生

中小型博物馆分布于不同地域、隶属于不同行政层级,数量庞大、属性多元、类型丰富,是我国公共文化服务体系的重要组成部分。❶ 在第五批全国博物馆定级评估工作中,共有123家博物馆入列国家一级博物馆阵营,其中有70家属于地(市、州、盟)一级的博物馆暨国有中小型博物馆,数量占到总数的一半以上。对于国外,如美国、日本的博物馆来说,由机构和个人独办的中小型博物馆数量非常庞大,且种类繁多、专题性强。陈列展览作为博物馆"展示"职能的最直接体现,是国内外中小型博物馆展示自身形象、吸引观众参观的主要途径,研究意义重大。由于所归属体制、资金来源、策展人权责、题材选取自由度等方面存在差异,国内外中小型博物馆在展览策划与实施方面面临的前景与挑战也有所区别。因此,本文试图从多角度对比其不同之处并汲取国外先进经验,进而为我国中小型博物馆展览策划与实施提供思路与借鉴。

一、博物馆管理体制

多年来国内外中小型博物馆管理体制已成定式,展览策划专业人员的

---

❶ 周墨兰.智造展览:中小博物馆的展示策略及创意旨归[C]//中国博物馆协会博物馆学专业委员会.中国博物馆协会博物馆学专业委员会2022年"提升中小博物馆质量盘活基层博物馆资源"学术研讨会论文集.太原:太原市博物馆,2022:7.

选拔及相关制度的制定也各行其是。

（一）国外

西方许多私立博物馆不论大小，其管理层级设置一般为董事会、馆长、副馆长、各部门负责人、员工等。其中董事会由政府人员、社会人士、观众组成，馆长由董事会任命，副馆长由馆长任命。馆长直接面对博物馆内的业务部门和博物馆外的公众，对董事会负责，保障博物馆顺利运行。❶ 而博物馆的展览策划人员由馆长挑选任命，全权负责某一藏品部门的一切事务，对馆长负责，具有较高决策权。❷

此外，"策展人"制度首先诞生于西方博物馆界，称之为"curator"，主要从事专业领域的藏品研究、展览策划，负责藏品的征集、保管、展览等一系列工作，并且作为西方博物馆管理体制中的重要组成部分，已经非常成熟并产生了较多优秀案例。美国艺术博物馆有专门的策展人协会，巴德学院的策展中心也兼顾艺术理论研究与策展实践，教授学生在复杂的社会文化环境中思考策展问题，培养专业型策展人员。即便是中小型的博物馆，其馆长、高层管理人员、各部门负责人也多数是策展人出身，且专业背景丰富，涵盖考古、民俗、管理、艺术、社会学等多个领域。

（二）国内

国内的博物馆是国家的文化事业单位，馆长由博物馆的上级主管文化部门或政府部门任命，馆内正式编制内员工由主管部门根据博物馆需求统一考试录用。❸ 自欧美"策展人"制度传入中国以来，南京博物院、上海博

---

❶ 史明立.中西方博物馆策展人(curator)制度浅析[J].中国博物馆,2018(4)：54-57.

❷ 段晓明.中国博物馆策展人制度本土化的历程与发展[J].东南文化,2018(5)：101-106,128.

❸ 段晓明.中国博物馆策展人制度本土化的历程与发展[J].东南文化,2018(5)：101-106,128.

物馆、广东省博物馆等大馆率先尝试，并且取得了一些较好的成果，但中国博物馆界至今尚未形成较成熟的策展人制度，中小型博物馆更是因各种原因难以形成制度。中国的展览策划人员多为考古、历史或艺术设计专业出身，知识背景较为单一，多元复合的实践型人才相对较少，人员紧缺的情况在中小型博物馆则更为常见。所谓的"策展人"实则是本馆馆员、副研究馆员、研究馆员等，或某类文物部门负责人，难以突破原有职称和所学专业的限制，在进入展览策划项目后，暂时担任策展团队项目负责人，对市场需求和观众兴趣的了解不够深入，对国际前沿的策展理念和数字化展示手段也缺乏了解，导致策展模式比较传统，限制了展览的创新。

二、展览资金

优质展览不仅会带来良好的展览收入，也会吸引更多的社会资金，还能促进博物馆特色展览品牌化及长久影响力的形成。[1] 而国内外中小型博物馆都面临资金缺乏的困境，陷入企图通过办展增加收入与资金不足难以办展的矛盾之中。

（一）国外

对于西方大型公立博物馆来说，其运营资金来源广泛。除国家或地方政府财政支持、企业赞助、会员会费之外，博物馆自身活动如展览收费、文创售卖等所获收益在运营资金中的占比也非常高，且其自身收益可以完全用于博物馆内各项开支而不用上缴国家。但是很多国外小型博物馆都面临裁员、转型甚至是宣布退出市场的困境。美国纽约市曼哈顿岛运营十余年的意大利现代艺术中心于2024年6月正式闭馆；鲁宾艺术博物馆也宣布出售位于曼哈顿岛切尔西区的大楼，并裁减40%的员工，转而专注于巡回

---

[1] 史明立.中西方博物馆策展人(curator)制度浅析[J].中国博物馆,2018(4):54-57.

展览和向其他机构长期租借展品。不同于大型博物馆能获得部分财政拨款，中小型博物馆资金缺乏导致运营难以为继，只能被迫减少举办展览的数量以节省资金，但这也导致其陷入吸引不到观众购票参观的另一个困境，不少小型博物馆最终仍只能合并于大型机构。

此外，因资金不足导致展品的展出和保藏条件不佳、展厅内安保措施欠缺、展厅的光线不符合观看和保藏标准等问题也时常在国外中小型博物馆内出现。

（二）国内

与西方不同，由于我国博物馆的公益和非营利性质，不论大中小型博物馆，只要是国有博物馆都属于国家财政全额或差额拨款的事业单位。收支两条线，收大于支的部分需要上缴国家，收小于支的部分由国家进行补贴，基本不存在像其他国家博物馆那样资金链断裂、濒临倒闭的风险。但是，对中央地方共建国家级重点博物馆、省级大型博物馆来说，其资金和文物资源都更为充盈，文创所得收益也能为其策展提供部分资金。相比之下，中小型博物馆资金来源单一，企业和民间资本引入受限，导致策展方向和形式设计也偏向普惠，缺乏对于全新展览方向的探索。另外，中小博物馆因面积有限，展厅存在空间不够、规划杂乱等实际问题，导致展线混乱；展厅交互性设计匮乏、数字化技术应用落后等现象，都容易给观众带来疲劳感和欠佳的观展体验。

由于展览资金和展厅条件有限，很多中小型博物馆因此陷入"有馆无展"的困境，还有很多博物馆是为了完成办展目标而办展，展览质量参差不齐，内容也大多空洞，缺乏对展览衍生品的开发，社会教育活动的联动性和持续性也不足，难以激起观众的兴趣和共鸣。

三、策展人权责

展览主题确定后，需要调用大量文物作为展览展品，支撑整个展览策划的内容设计。此外，不论是长期展览还是短期陈列，在整个展览项目策划实施的全过程中，都需要配备相应的人员来具体落实，且会涉及馆内各个工作部门甚至是馆外人员。

(一) 国外

西方国家博物馆的展览运行机制较为成熟，策展人有更多的主动权和话语权。绝大部分博物馆是在私人藏品捐赠或信托基础上建立的，中小型博物馆尤其以私人收藏为主，几乎没有一家博物馆从藏品到馆体全部是由政府或上级领导机构择选，因此在藏品和人事管理上拥有更多自主权，甚至有些展览连经费都需要由发起人员独立去募集，并完全享有自由支配经费以确保展览顺利进行的权利。策展人独自管理自己研究领域内的藏品，并且在合理范围内可随时提用；对于展出过程中造成的藏品损坏，也基本不会追究展览负责人的责任，而将其判为意外状况进行处理。一旦确定了策展人的人选，那么整个展览实施中，策展人就有决定一切事务的权利，项目和团队人员也由策展人来挑选。❶ 因策展人专业背景强，展览主题也多由专业策展人独立寻找并提出，将自己的主题和设计方案进行上报，获得董事会批准后即可独立执行，相关设计公司及展览衍生活动也由策展人独自联络和安排。因为每个展览的类型和内容不同，对负责人的要求也各不相同，策展人有权根据展览要求挑选适宜的人员，调遣不同部门的工作人员进行协作，并且不会有重重障碍，从而大幅提升博物馆策展的水平和效率。

(二) 国内

我国博物馆长久以来是将文物安全放在首位，而在博物馆职能中很长一段时间都将收藏职能放在首位，重收藏、轻利用，对藏品的保管和利用

---

❶ 王子豪.浅谈中国博物馆策展人制度现状[J].赤峰学院学报(汉文哲学社会科学版),2021,42(9):54-57.

普遍存在保守思维。❶ 甚至些许馆藏藏品除知名专家、上级领导能观看外，在本馆内，除了保管部门人员，其他各部门业务人员都很少能亲眼看到实物。国内中小型博物馆的部门设置会根据各自规模、资源、专业需求等方面的不同而有所差异，但很多博物馆仍选择遵循"三部一室制"来设置部门，导致陈列部和保管部长期分割，策展人提用展览主题相关的藏品需要经过非常烦琐的程序，且需要经主管副馆长或馆长、保管部负责人双重批准。加之国内的博物馆在展览上多实行项目负责制，中小型博物馆体量有限，本就存在人手不足的情况。每个展览的项目负责人、内容设计负责人和形式设计负责人可能从属于不同部门，临时组合难免出现默契不足、人员调度受限等难题，致使整个展览项目进度较慢。

此外，现今博物馆的展览主题多根据国家需求，结合博物馆热门话题，来展示中华优秀传统文化、革命文化和社会主义先进文化。中小型博物馆的展览主题多由上级敲定大方向，临时展览和本土特色选题类展览较少，缺乏自下而上的自主性和创新性，可能会存在策展人员对主题理解不够深入、学术深度不足等方面问题。

四、建议与思考

（一）广泛拓展渠道，增加基础资金

国内中小型博物馆想要大力发展展览事业，就要在不改变现有属性的基础上拓展资金来源，从多途径吸纳馆外资金，以减少博物馆的策展工作在资金方面的桎梏。❷ 许多中小型博物馆都属于市级或县级博物馆，地域特色明显，其中开设的展览往往是对某一专门地区历史和文化的展示。对于

---

❶ 魏颖. 坚守与平衡：由 curator 职能之流变试析博物馆策展人核心职能的优化[J]. 中国博物馆, 2020(4)：49-54.

❷ 王子豪. 浅谈中国博物馆策展人制度现状[J]. 赤峰学院学报（汉文哲学社会科学版）, 2021, 42(9)：54-57.

这些中小型博物馆来说可以结合馆藏资源开发独特IP，与社会企业、国风动漫等进行联名，打造自己专属的数智虚拟代言人，在各大媒体平台上宣传推广，当然也要警惕IP侵权等问题。中小型博物馆还可以凭借独一无二的馆藏文物，加大主题展览衍生文创产品的开发力度，创造独特的契合本馆整体风格的新兴产品甚至虚拟文创产品进行售卖，或制作特色饮品、茶点等，以此增加收入。此外，对特色展览实行单独门票售卖进行象征性收费的方法也是获得收入的重要途径，这样既能增加观众体验感又能够增加博物馆收入，助力实现"资金从展览中来、到展览中去"。

（二）赋予策展人权责，创新展览主题

博物馆要优化政策，在人员调动、文物提取、布展实施等方面给予展览策划负责人高度实操权，这样既能调动其研究与策划展览的积极性，又能锻炼其独立实施展览的专业能力，以此推动博物馆展览向高质量发展。中小型博物馆在展览策划上更灵活。展览策划流程也可以尝试自下而上的方式，由策展人结合自身研究方向，走访群众，了解群众感兴趣的话题，综合确定展览题材。策展人可以在每年年初的展览提报会上对策展主题进行上报，由馆内领导和各部门主管商议通过后进行实施。乡村博物馆作为中小型博物馆中的重要组成部分，既贴近普通人群的生活又适合民间交流，可以策划符合社会主义核心价值观和接地气的展览选题，更容易使百姓喜爱，也能助力乡村文化发展。

（三）培养复合型人才，扩大策展团队

策展人是博物馆展览策划与实施的核心要素，对优秀策展人及团队的培养是我国博物馆尤其是中小型博物馆高质量发展的关键。展览策划是理论与实践结合较强的职业，只有理论或只有实践都无法做好。策展专业人才需要博物馆与高等院校强强联手、共同培养：高校开设相关课程增加学生的理论知识，博物馆给高校学生提供实践的岗位，使他们能从实践中得到策展经验，提高学生的实际参与能力。❶ 在实习期间表现极为优异的学生，博物馆可以考虑直接引进，从而将有能力、有经验的潜在策展专业人才留在馆内。中小型博物馆要多借鉴国内大型博物馆和国外博物馆的先进策展案例，加强与大型博物馆的馆际合作，多与优秀团队交流，争取联合办展，加强团队协同创新。

五、结语

中小型博物馆类型多样且数量庞大，在国内外都是博物馆界重要的组成部分。中小型博物馆应在充分把握自身特质的基础上，转变观念、更新方法，以展览及策展为突破口重新定位，改善公共关系。❷ 本文基于国内外中小型博物馆展览策划与实施现状，选取相关角度进行了对比研究，提出"拓宽资金来源、培养复合型人才、赋予策展人更多职权"等我国中小博物馆展览实施面对当下发展瓶颈的优化之道，以期能为国内中小型博物馆提升策展能力、增强核心竞争力提供参考。

---

❶ 王子豪.浅谈中国博物馆策展人制度现状[J].赤峰学院学报(汉文哲学社会科学版),2021,42(9):54-57.

❷ 周墨兰.智造展览:中小博物馆的展示策略及创意旨归[J].中国博物馆,2023(5):17-22.

革命博物馆跨文化传播研究
——以中国人民抗日战争纪念馆对外交流实践为例

中国人民抗日战争纪念馆　王业鑫　副研究馆员

一、引论

(一) 革命文物与革命精神

革命博物馆是革命文物的收藏、研究、展示场所。革命文物是中国革命历史的重要见证,是党和人民在伟大斗争中创造的革命文化的物质载体。[1] 而革命精神是蕴含在革命文物之中的,是我们党在前进道路上战胜各种艰难险阻、不断夺取新胜利的强大精神力量和宝贵财富。[2] 革命博物馆的教育传播内容并不在于文物的工艺技艺、鉴赏价值、特殊寓意,而在于革命文物背后的革命精神,这也是革命博物馆与综合类博物馆在文化传播方面最大的区别。革命博物馆拥有独特的话语讲述方式,即通过革命文物的展示陈列、以讲述动人的革命故事,达到革命精神传承的最终目的(见图1)。在遗存的革命文物上凝结的丰富革命精神是中国共产党带领中华民族从站起

---

[1] 贾旭东.革命文物概念及其界定[J].北京师范大学学报(社会科学版),2018(6):141-145.

[2] 鲁君.中国共产党革命精神的美学意蕴[J].学校党建与思想教育,2021(19):36-40.

来、富起来到强起来的历史结晶,是激励我们在新时代新征程上踔厉奋发、勇毅前行的伟大力量。

图1 革命博物馆宣传教育模式

(二) 革命博物馆的跨文化传播

跨文化传播是指不同文化之间,或处于不同文化背景的社会成员之间的交往、互动、信息传播与人际交往活动,以及各种文化要素在全球社会中流动、共享、渗透和迁移的过程。❶ 随着我国经济的飞速发展和国际地位的持续提高,作为世界四大文明古国的中国有了对外传播以中华优秀传统文化、革命文化、社会主义先进文化为特征的中国特色社会主义文化的基本诉求。由于东、西方的文化差异和意识形态存在很大差别,中华文化走出去、讲述中国故事面临一定难度,而不同于具有东方色彩的中华优秀传统文化和中国特色社会主义建设事业飞速发展而形成的社会主义先进文化,饱含革命精神的革命文化在跨文化传播过程中对于国际受众来说显得更为抽象、模糊,如何能让关注中国发展的国际社会理解中国能实现高速发展的精神内核在客观上难度较大。在现实操作层面,承载革命文化教育传播职能的革命博物馆又更多着眼于对国内人民群众的革命传统教育,推动革命文化跨文化传播的途径还不够多,相关的学术研究成果也普遍较少。

二、革命博物馆跨文化传播的依据

革命博物馆不仅要承担起向人民群众宣传革命文化的职责,还要努力推动革命文化的跨文化传播,其依据在于革命文化的跨文化传播是加强人

---

❶ 孙英春.跨文化传播学导论[M].北京:北京大学出版社,2008:9,2-4,31-38.

类文明交流互鉴的重要抓手，是传播中国高速发展经验的重要内容，也是中国国际地位提升，参与国际事务的有效途径。

（一）加强人类文明交流互鉴的重要抓手

习近平总书记指出，我们应该推动不同文明相互尊重、和谐共处，"让文明交流互鉴成为增进各国人民友谊的桥梁、推动人类社会进步的动力、维护世界和平的纽带"。❶ 跨文化传播要以中华优秀传统文化、革命文化、社会主义先进文化为具体内容支撑，而当前发展相对薄弱的革命文化应该成为重点努力的方向。和平与发展是当今时代的主题，全世界已经成为"地球村"，不同种族、肤色的人民应和平相处。当前局部的国际争端、贸易摩擦时有发生，解除分歧、加强合作是人类发展的必由之路，我们不能忽视文明交流互鉴对不同民族、信仰、文化背景的国家化解矛盾、增加互信起到的积极作用。运用跨文化传播的手段，增进国家间的文化交往合作，对我国提升国际地位和树立大国形象具有积极的促进作用。

（二）传播中国高速发展经验的重要内容

改革开放以来，中国经济社会快速发展，目前已跃居世界第二大经济体。近年来，中国人民生活水平持续提高，实现了脱贫攻坚，全面建成了小康社会，中国共产党正带领中华民族走在实现伟大复兴的道路上。中国运用马克思主义与中国实际相结合，走出了一条中国特色的社会主义发展道路，作为联合国安理会常任理事国中唯一的发展中国家，中国有责任也有义务将中国近几十年来的发展经验和创新实践与其他国家，尤其是发展中国家分享。我们从积贫积弱到国家富强、民族振兴，靠的不仅是"看得见"的改革创新、科技进步、经济发展，更有"看不见"的革命精神作为支撑。2021年9月29日，党中央批准了中共中央宣传部梳理的第一批纳入中国共产党人精神谱系

---

❶ 习近平.文明交流互鉴是推动人类文明进步和世界和平发展的重要动力[J].求是,2019(9):4-10.

的伟大精神,在中华人民共和国成立72周年之际予以发布。[1] 这些精神是"中国共产党为什么能?"的最好诠释,是收藏在革命博物馆中的革命文物所承载核心内涵。

(三)提升国际地位、参与国际事务的有效途径

随着我国经济社会的不断发展,我国在世界范围内的影响力与日俱增,必须要做好中华文化的跨文化传播。当前国际文化传播中,还存在对中国这个东方古国不够了解的情况,可能还存在一定的错解和误读的现象,因此我国跨文化表达的诉求显得愈发必要。中国的革命并非仅覆盖国内范围,中国共产党人领导的革命实践对世界格局的形成起到了至关重要的作用。例如,中国人民的抗日战争是世界反法西斯战争的东方主战场,对反法西斯战争的胜利发挥了重大作用,然而西方国家对第二次世界大战历史的叙述,夸大了西方战场的作用,忽视了中国人民万众一心、众志成城,以巨大代价换来的世界反法西斯战争东方主战场的胜利,我国革命文化的跨文化传播之路任重道远。

三、革命博物馆跨文化传播面临的问题

由于发生在国内的革命事件在主题上普遍缺少与世界的联系,革命博物馆依靠馆藏的革命文物和其上承载的革命精神进行跨文化传播面临较大挑战,不少国内革命博物馆在实施跨文化传播、践行革命文化"走出去"实践方面做得较少。出现这些情况的原因,在宏观层面,是不同国家在意识形态与价值观上存在的差异对我国革命精神传播造成了重重壁垒;在微观层面,抽象的革命精神缺少适宜的传播土壤。

---

[1] 中国共产党人精神谱系第一批伟大精神正式发布[N].人民日报,2021-9-30(1).

(一) 宏观层面：不同国家意识形态与价值观上存在差异对我国革命精神传播造成了重重壁垒

一方面，革命博物馆传承弘扬的革命精神是中国共产党领导中国革命的思想根基，诠释着马克思主义理论与中国实际紧密结合的实践探索历程，带有鲜明的社会主义特征，与西方国家的资本主义意识形态有着本质的不同。另一方面，中国革命文化传承多强调"为有牺牲多壮志，敢教日月换新天"的革命浪漫主义情怀，"一百年前，中国共产党的先驱们创建了中国共产党，形成了坚持真理、坚守理想，践行初心、担当使命，不怕牺牲、英勇斗争，对党忠诚、不负人民的伟大建党精神，这是中国共产党的精神之源"。❶ 中国特色的革命文化很难走进西方社会的视野，东西方文化差异对文化传播造成了壁垒。

(二) 微观层面：抽象的革命精神缺少适宜的传播土壤

在博物馆跨文化传播中，历史综合类博物馆的文物史料主要展现中华古代文明，更多是对传统工艺、文化民俗、艺术风格的展示，因东方文化的独特魅力会吸引西方受众的关注，而革命博物馆则更为抽象的精神教育，缺少适宜的传播抓手。此外，中国共产党的革命精神是在特定历史条件下形成，是党在领导新民主主义革命伟大实践中所积累的精神财富的结晶。❷ 在推进博物馆跨文化传播时，由于缺少适宜的传播土壤，我们努力让具有不同文化背景、价值观念、意识形态的国外受众理解根植于中国革命实践而形成的舍己为公、无私奉献等革命精神，的确面临较大困难。

---

❶ 习近平.在庆祝中国共产党成立100周年大会上的讲话[J].求是,2021(14):1-14.

❷ 郭亚丁.论中国共产党的革命精神——从"红船精神"到"西柏坡精神"的历史思考[J].中国延安干部学院学报,2011(4):99-105.

四、革命博物馆跨文化传播的提升路径

当前在实践层面革命博物馆推进革命精神的跨文化传播面临较大困难，但革命博物馆可以从自身资源优势着手，试探性地开展一些实践。目前一些革命博物馆已将"讲好中国故事，传播好中国声音"作为重要着力点，加强与自身主题近似博物馆、纪念馆的联系合作，扩大革命文化的交流互鉴，起到了较好的效果。中国人民抗日战争纪念馆（以下简称"抗战馆"）作为全国唯一一座全面反映中国人民抗日战争的大型综合纪念馆，承载着传播中国抗战历史、弘扬中国人民在世界反法西斯战争中彰显的伟大的抗战精神的艰巨使命。近年来，抗战馆持续加强场馆跨文化传播实践，已取得一定的经验成果。本文将结合抗战馆的具体实践，探索革命博物馆跨文化传播的路径。

（一）打造国际革命博物馆联盟，彰显"平台化"

为提升我国的国际影响力，彰显大国担当，我国提出了"一带一路"倡议，以搭建合作平台的方式促进国际交往与合作。在革命博物馆跨文化传播领域，也可借鉴"平台化"的发展模式，扩大革命博物馆的文化传播力和国际影响力，提升我国革命文化输出的话语权。抗战馆作为全国唯一一座全面反映中国人民抗日战争的大型综合纪念馆，带领全国抗战主题革命博物馆加强国际交流合作是义不容辞的责任。2015年抗战馆发起成立了国际二战博物馆联盟协会，业务主管单位为文化和旅游部，该协会是在民政部正式登记注册的非政府性民间组织，是第一个也是唯一一个由抗战馆发起成立的、秘书处及法人常设中国的国际二战文博专业组织，目前协会参与者包括俄罗斯胜利纪念馆、韩国独立纪念馆等15个国家的50家知名二战博物馆，旨在开展二战史共同课题研究，推进二战遗迹研究、保护工作；组织协会内部场馆进行展览互换、档案资料共享、人员互访、举行学术研

讨会、业务培训班等交流活动。❶

(二) 场馆运营的国际业务交流突出"常态化"

开展博物馆行业领域的国际交流合作，必须要有具体的业务进行支撑，抗战馆依托搭建的国际二战博物馆联盟的平台优势，广泛深入地开展革命博物馆业务交流，并形成"常态化"机制。一是加强革命主题展览交流。革命博物馆最重要的文化产品是革命主题展览，也是革命精神跨文化传播的主要载体，展览的"引进来"与"走出去"是扩大国际交往合作的具体抓手。在国际二战博物馆联盟的推动下，2016年10月12日，"二战抗日战场"国际专题展览开幕式在俄罗斯卫国战争纪念馆举行；2018年7月25日由国内10家知名二战类纪念馆共同主办的"东方主战场"展览在位于白俄罗斯首都明斯克的伟大卫国战争历史博物馆隆重开幕；2019年5月8日由波兰格但斯克第二次世界大战博物馆主办的"患难见真情——二战时期救助犹太人的波兰人"展览在抗战馆开幕；2022年8月11日由抗战馆策划主办的"抗战时期美术作品展"在韩国独立纪念馆开幕，2022年9月3日抗战馆与韩国独立纪念馆共同主办的"中韩共同抗战"专题展在抗战馆开幕。二是博物馆业务管理人员交流。抗战馆依靠国际二战博物馆联盟，邀请乌克兰二战历史纪念馆、马来西亚槟城战争纪念馆、重庆红岩革命历史博物馆、广东东江纵队纪念馆等联盟成员单位工作人员到联盟秘书处交流学习，加深了协会会员单位之间的交流与合作，密切了协会秘书处与会员单位之间的联系，为促进抗战文化的交流互鉴与抗战精神的跨文化传播奠定了坚实基础。

(三) 革命主题展览的内容策划体现"国际化"

话语权是指通过话语的表达、描述和构建而形成的作用力或影响力。❷

---

❶ 国际二战博物馆协会简介[EB/OL].(2020-08-20)[2024-12-31]. https://www.iwwma.com/bwgxh/views/gyxh/xhjj.html.

❷ 张三元.话语、话语权与话语体系的思辨：兼论中国价值跨文化传播话语体系的构建[J].江汉论坛,2023(9):131-138.

如何结合中国革命特有的文化特点加强跨文化传播，是国内革命博物馆面前的一大挑战。抗战馆在实施跨文化传播方面一直秉承展览内容策划的"国际化"思路。一是通过国际视野看待中国抗战。抗战馆推出的"为了正义与和平——国际友人支援中国抗战""战火下的奥林匹克记忆——抗战时期的中国与奥运展"都是运用独特的国际视角解读中国抗战，进而实现抗战文化跨文化传播的目的。二是传播中国抗战对夺取世界反法西斯战争胜利的巨大贡献。一直以来，世界二战史学术界普遍认为西方是二战的主战场，而东方战场的地位和作用则被忽视了，特别是对在二战史上持续时间最长的中国抗战，缺少应有的关注和认可。2014年抗战馆策划推出了"伟大贡献——中国与世界反法西斯战争"专题展，全面回顾了中国人民在世界反法西斯战争中所做出的卓越贡献，有效回应了西方史学界对中国抗战的忽略，凸显了中国的担当与大国风范。

（四）革命思想内容的价值输出倡导"转译化"

在革命思想的价值输出层面，要注重以世界人民能接受的价值观为切入点，让更多国外受众听得懂、听得进、听得明白。[1] 和平与发展是世界永恒的主题，唯有长久和平才能共谋发展，世界人民正处于人类命运共同体之中，在全球经济、环境一体化下，没有一个国家可以置身事外、独善其身。革命主题与和平发展密不可分，革命在某种程度上是实现持久和平的必然选择，而在和平年代革命又是为了更好地发展。此外，要让革命主题与艺术相融合，以此传播价值观念。抗战馆近年来策划推出了"日本侵华罪证展""日本百名漫画家笔下的8·15系列漫画展""前线军人、画家谢尔盖卡·特科夫眼中的战争"等或着眼对战争的反思，或着眼战争题材文艺作品展示的展览，改变传统革命主题展览内容输出过于强调精神、思想、

---

[1] 李娇娇.新时代中国共产党对外宣传工作的内在逻辑及实践指向[J].领导科学论坛,2023(8):32-35.

意识形态的做法，以文化"转译"后的语言和润物细无声的方式实现革命文化的跨文化传播。

（五）革命文化的对外传播叙事强调"微观化"

"以小见大""以物证史"是近年来革命主题展览策划的发展方向。过去革命主题展览及教育强调宏大叙事，说教色彩浓厚，而从微观的革命文物史料着眼，看一件见证革命史的革命文物，听一段文物背后的革命故事，将故事放到革命史中去解读，就可以使观众真实而又具体地感受到其中的革命精神。面对不了解中国革命背景和不同文化接受习惯的西方受众群体，革命博物馆应更注重运用"以小见大""以物证史"的展览展示方法。抗战馆近年来在策划专题展览时一改过去以历史照片为主的传统，持续提高展览中革命文物的占比，甚至联动全国60家抗战主题博物馆、纪念馆推出了"中流砥柱——中国共产党抗战文物展""抗战将领文物展"等文物主题展，通过让革命文物和背后的革命精神的故事化、情景化，使革命博物馆文物史料资源实现了跨文化传播。

（六）革命场馆的外宣媒介渠道选择"多元化"

当前国内革命博物馆的跨文化传播意识整体不强，一些场馆仍然拘泥于针对国人的革命传统教育，对革命文化传播缺少国际视野，中小型规模的革命博物馆与大型场馆的对外传播观念意识差距巨大，具体表现在博物馆对外宣传媒介渠道的运用还不够灵活。抗战馆非常重视场馆及革命文化产品的对外宣传渠道的构建。一是在场馆的日常运维中，抗战馆的LOGO为中英文双语，基本陈列展览有多种语言说明，抗战馆官方网站（中国抗战胜利网）及国际二战博物馆联盟官方网站均拥有中、英、日、韩、俄五国语言版本，这有利于抗战馆及我国抗战史料的传播。二是在革命精神的传播上，在抗战馆官方网站设立虚拟展厅，将曾经策划推出的革命文物展览在无国界的互联网上进行展示传播，以使国外人士了解中国人民的革命精神。三是依靠国际二战博物馆联盟，开发抗战主题文创产品，以实现国际馆际交流。四是常态化举办国际二战博物馆主题的联盟成员年会、学术研讨会、馆长论坛等会议，加强中国抗战主题博物馆与二战主题博物馆的联系与互动。五是出版英文画册用于国际交流传播。近年来，抗战馆结合"伟大胜利历史贡献""伟大贡献——中国与世界反法西斯战争"等展览内容，出版了多本英文展览画册，拓宽了博物馆对革命文化的输出渠道。

五、结语

习近平总书记在2023年10月7日召开的全国宣传思想文化工作会议上指出："着力加强国际传播能力建设、促进文明交流互鉴。"❶ 这为革命博物馆跨文化传播实践指明了工作方向。革命文物题材众多，多与党史、新中国史、改革开放史、社会主义发展史、中华民族发展史联系密切，不同题材的革命文物有着不同的目标受众、传播渠道，需要革命博物馆在加强对本馆文物史料及本馆革命文物题材深入研究的基础上，加深对不同民族种族、文化背景、接受习惯受众的研究与了解，运用转译后的价值观、世界共通的语言，讲好中国共产党带领中华民族实现从站起来、富起来到强起来的"中国革命故事"，为分享中国的发展成果与经验、彰显大国的责任与担当，贡献革命博物馆的智慧和力量。

---

❶ 坚定文化自信秉持开放包容坚持守正创新为全面建设社会主义现代化国家全面推进中华民族伟大复兴提供坚强思想保证强大精神力量有利文化条件[N].人民日报，2023-10-09(1).

中小博物馆的跨文化交流实践
——以"武汉上空的鹰——纪念苏联空军志愿队特展"为例

辛亥革命博物院　卢奕　馆员

一、博物馆在跨文化交流中的作用

博物馆作为文化机构,承担着文物收藏、研究、展示,以及社会教育等重要的责任。在全球化和文化多元化的背景下,博物馆的跨文化传播功能日益凸显,成为连接不同文化、促进文化交流与理解的重要桥梁。

(一)促进文化理解

博物馆是民族文化和历史记忆的载体,通过文物展览,在跨文化交流过程中,传播本土文化、促进不同文化之间的对话和理解,并助力塑造国家形象。博物馆能跨越意识形态,实现人与人、文化与文化之间的交流。

(二)展现国家形象

博物馆是展现国家形象的重要场所,承载着传播文化,展示国家文化底蕴、展现国家文化自信的使命。我国的博物馆不仅展现着文明的东方大国形象,而且展现着开放、现代、友好、负责任的大国形象。

(三)培养人们的文化包容意识

在文化传播过程中,博物馆以其丰富的展览形式培养人们的文化包容意识和跨文化理解能力,展现多元文化面貌,让不同国家的观众感受不同文化的魅力。

二、博物馆是重要的大众传播媒介

传播学的奠基人威尔伯·施拉姆在他的代表作《大众传播媒介与社会发展》里提出,发展中国家应充分重视大众传播的作用,加大力度、提高效能,以促进现代化。他表示,大众传播具有三大基本功能:守望、角色和教育。大众传播在国家发展中起着重要作用。一是民众要得到关于国家发展的信息,在这一点上,大众传播媒介可以直接满足民众的需要,起到看守人的作用;二是在具体决策过程中,要使更多的民众有参与其中的机会,在许多情况下完成这种团体决策,人际传播是关键,大众传播媒介可以为民众提供信息,起着辅助决策的作用;三是教授人们必要的技能,这是需要大众传播媒介和人际传播互相结合共同完成的。

博物馆因其特性,以历史文化的展示宣传为内容的媒介化趋势愈发凸显。博物馆成为了一个高度综合性的传播媒介,在跨文化、跨地域、跨种族交流中可以起到纽带作用。对应着大众传播三大基本功能,博物馆作为重要的传播媒介,一是要做历史遗存和人类文明的展示窗口,传播人类文明的历史、艺术和科学成就,帮助公众理解文化根源,连接过去与现在,起到文化传承与保护的作用。二是作为公共文化场所,为观众提供交流与互动的机会。博物馆不仅是公众开展终身学习的重要场所,也是一个交流对话的平台。同时,博物馆在不断进行信息传播,并鼓励公众积极参与社会活动,增强社会凝聚力。三是作为开展社会教育的重要基地,展示人类多元文化,传播知识,帮助人们更好理解历史和未来,引发公众的思考,促进社会发展进步。

三、原创展览"武汉上空的鹰——纪念苏联空军志愿队特展"的特点

"武汉上空的鹰——纪念苏联空军志愿队特展"是原辛亥革命博物馆(现为辛亥革命博物院,于2022年3月由原辛亥革命博物馆、辛亥革命武昌

起义纪念馆组建而成）于 2016 年推出的原创展览。该展览以武汉媒体于 2013 年发起的跨国"寻访苏联空军志愿队烈士"活动的资料为基础，以展览的方式全面展现了苏联空军志愿队援华作战的史实，该展览重点展示了苏联空军志愿队在武汉地区奋勇抗击日本侵略者的英勇事迹，以及武汉人民对志愿队英雄和烈士的纪念与缅怀。

（一）以小见大，以动人故事引起共鸣

在信息时代，有更好故事的一方往往成为赢家，好故事不一定有宏大的叙事，但一定要能打动人心、引起共鸣。国家形象的建立要通过多种渠道，其中文化和情感的对外传播交流是一种重要方式。

博物馆作为历史和记忆的保存者和传承者，承担着讲好国家故事的使命，在讲好故事方面也具有独特优势。"武汉上空的鹰"展览最突出的一点就是通过宏大历史背景下一个个真实生动的故事，凸显了英雄的事迹和他们的国际友谊。讲述抗日战争、武汉空战，乃至苏联空军志愿队援华作战的展览在国内已有不少，再要展现这段历史，让观众有更新更深入的了解，必须求新求变。

博物馆利用与武汉媒体合作的优势，以媒体跨国寻访活动为基础，以小见大，从志愿队队员的故事着手，介绍了 8 位参加过武汉空战的志愿队队员的生平和战斗事迹，这些队员有的是仅有名字存在于武汉苏联空军志愿队烈士墓上，展览通过实物、人物照片等将他们的故事一一还原。每一个鲜活的故事都直击人心，取得了不俗的反响。一是因为全部的故事内容均是通过展览首次面世；二是故事主角有大人物，也有"小人物"，他们最后都成了投身历史洪流，为世界和平而斗争的英雄。小故事，成为大事件的缩影，真实且有感召力。

近年来，众多中国故事之所以赢得海外受众青睐，正是因为故事讲述寓理于情、情理交融，把"我们的故事"变成了"世界的故事"，生动展现了全人类共同情感和价值。❶ 情感互通，才能打动人心；价值共鸣，才能传播深远。"武汉上空的鹰"展览正是因为这个原因，在两国人民之间引发了强烈共鸣，展览留言板上写满了观众的感言："珍爱和平，远离战争。""向伟大的英雄致敬，不忘历史。""铭记历史，是感恩，更是激励！""今天的幸福生活是先辈的鲜血换来的，珍惜现在，向英雄敬礼！"……同时，参加展览开幕式的苏联空军志愿队烈士后裔安德烈在现场表示："我和家人对武汉都有一份特殊感情，爷爷是我最崇拜的人，他在中国参加过 13 次空战，在'四二九'武汉空战中击落了 3 架日机还因此受伤。"后裔奥列科表示："父亲跟我说，中国人民特别友好，对于烈士的后代也格外重视……第一次来到这里，我就感觉特别亲切，父亲说的话都是真的。"❷

（二）立意开阔，示范带动作用明显

展览紧扣主题，全面展现了苏联空军志愿队援华作战的起因、经过、战果及意义，重点展示了苏联空军志愿队在武汉奋勇抗击日本侵略者的英勇事迹及武汉人民对志愿队英雄和烈士的纪念与缅怀活动。展览选题独特，立意高远开阔，避免了同质化。

2015 年 5 月，国家主席习近平赴俄参加苏联卫国战争胜利 70 周年纪念活动；同年 9 月，俄罗斯总统普京来华出席中国人民抗日战争暨世界反法西斯战争胜利 70 周年盛典。2014 年，俄罗斯"卫国战争的爆发"纪念展在原辛亥革命博物馆开幕，"武汉抗战"纪念展在俄罗斯中央卫国战争纪念馆开幕。这一系列的国家之间高层的互访互动，中国与俄罗斯之间的交流合作，以及不断深化的人文交流，均是此次特展的背景基础。同时，博物馆不断对展览内容进行更新和完善，之后特别增加了国家主席习近平在 2017 年对俄罗斯进行国事访问的讲话内容，以颂扬中俄人民友谊，引发观众对历史

---

❶ 刘思扬. 让世界更好"读懂中国"[N]. 学习时报，2024-11-6(4).
❷ 欧阳春艳. 武汉值得铭记苏军烈士后裔为苏军烈士纪念墓献花圈[N]. 长江商报，2016-3-24.

的思考，激发他们的爱国情怀，更加凸显展览立意。

展览不仅征集了一批相关实物，更有热心观众主动来馆捐赠实物，这充实了展览内容，丰富了馆藏，也使博物馆能够将实物保护利用成果以展览的方式呈现，起到了良好的示范和带动作用。

（三）以诚动人，获取半世纪珍贵捐赠

展览的筹办得到了参加过武汉空战的苏联空军志愿队英雄和烈士的后裔及俄方友好人士的高度重视与鼎力支持，博物馆以展为媒，怀念英雄，还原历史，传播国际友谊的举动打动了他们，他们特别组成了俄罗斯（苏联）空军志愿队亲属代表团，跨越千里，专程来汉，在展览开幕式上将珍藏了半个多世纪的先辈遗物捐赠给博物馆。这些捐赠物品包括苏联红军元帅军服、勋章，葬于武汉解放公园苏联空军志愿队烈士墓或曾在武汉战斗过的苏联空军志愿队队员的珍贵遗物等，这些只在书中和网上出现过的实物，如今真实展现在观众面前，不仅填补了馆藏苏联空军志愿队武汉空战英烈遗物的空白，更表现了英烈后裔对中国、对武汉、对辛亥革命博物馆的信任和感激。

面对如此深情厚谊，辛亥革命博物馆也以最大的诚意相待。开展前一天深夜亲属代表团才抵汉，馆长亲自带队去机场迎接代表团和他们捐赠的先辈遗物，全馆工作人员深夜相迎，通宵对实物进行拍照、上展、制作捐赠幻灯片、编写说明牌。在这次极为不易的跨国捐赠活动中，展现出了博物馆人的专业、认真和细致，也展现出了中国人民的热情、友好和诚意。

（四）走出国门，远赴俄罗斯展出

2017年，中俄媒体交流年"2017俄罗斯·湖北新闻出版广电传媒周"活动在俄罗斯圣彼得堡举行。受湖北省新闻出版广电局邀请，博物馆派员随出访团一起，将"武汉上空的鹰"送至俄罗斯交流展出。在活动现场，这是唯一一个以展览形式展现历史、彰显友谊的项目。该项目是重要的外事活动，辛亥革命博物馆根据展出现场情况，精选展览内容，更加注重讲述中俄友好交流的故事和人民之间的友谊，并借此宝贵的走出国门的机会，对外宣传武汉文化和历史。

在展览现场，俄方重要嘉宾看完展览后表示：展览展出的历史很有意义，令人难忘。现场众多嘉宾及俄罗斯普通民众在参观展览后均表示很感动，展览中的内容之前从未听说过。不少观众纷纷对展览中苏联空军志愿队的内容进行拍照。

此次走出国门的展示，是该展览又上一个台阶的体现。通过展览的形式将苏联空军志愿队的故事讲给俄罗斯人民，展现了我国人民对英雄的感激和铭记，以及两国人民的深情厚谊，宣传了武汉形象，通过博物馆的文博力量推动了两国之间的文化交流。

四、中小型博物馆如何通过专题展览推动跨文化交流

原辛亥革命博物馆在条件有限的情况下，办出了这一场意义非凡的展览并促使展览走出了国门，为扩大武汉的文化影响、促进对外友好交流做出了积极贡献。作为中小型博物馆，原辛亥革命博物馆主要通过以下几点，在充分发挥自身优势的同时，举多方之力，通过专题展览推动跨文化交流。

（一）借助多方力量寻求合作

中小型博物馆在举办大型展览，特别是涉及多方的展览活动时，往往存在资源信息相对有限、平台局限等问题。从多方面积极寻求交流渠道，寻求多方力量的支持，从而促使不同层面共同合作达到效果最大化，是使一个大型展览项目成功举办的重要措施。

"武汉上空的鹰"展览正是在多方力量下合作共赢的成功典范。一是借助了媒体力量。展览以长江日报"跨国寻访苏联空军志愿队烈士"活动为契机，以其系列连续报道和《武汉上空的鹰》一书为基础，设计了展览中最独特和最核心的内容。以媒体寻访活动为线索，展览呈现出了这段历史的独特性和唯一性，真实丰富的内容为展览提供了可靠的支撑。二是俄罗

斯方面的支持。辛亥革命博物馆与俄罗斯中央卫国战争纪念馆在早年就达成了合作意向，"卫国战争的爆发"展览在辛亥革命博物馆举行，为与俄罗斯方面合作举办展览打下了基础。同时，在中央卫国战争纪念馆、俄罗斯联邦驻华大使馆、俄罗斯俄中友好协会等机构的大力支持完成的珍贵实物捐赠活动及苏联空军志愿队亲属代表团的成功来华，都为展览增添了浓墨重彩的一笔。"卫国战争的爆发"展览具有创新性、多元性和国际性。

（二）立足本地历史文化资源

武汉拥有丰富的历史文化资源，武汉本地城市文化具有独特性。选择武汉人民熟知的苏联空军志愿队援华事迹作为展览主题，展览会更具地方特色，更易引发市民的共鸣。展览里面展示了武汉的"陈怀民路"，讲述了在长江上牺牲的空军英雄陈怀民的事迹；展示了中山公园的历史图片，讲述了武汉的抗日救亡运动；展示了在汉口正式创刊的《新华日报》……这些均可以让市民与展览同频共振。再以武汉媒体寻访活动作为展览的重要部分，通过讲故事的方式，让观众继续深入了解城市历史，增加了展览的可看性。配合展览，馆方还邀请武汉高校的近代史研究专家做主题沙龙讲座活动，对展览进行进一步延伸。

展览在立足城市历史文化的同时，也将本地文化置于全球语境之中，展现了城市文化与其他国家文化的联系，在传播本地优秀文化的同时也加强了跨文化的合作和交流。

（三）充分发挥博物馆专业技能

展览成功举办的前提和基础是博物馆自身的特点和优势，包括博物馆高素质、高水平的专业队伍对专业知识的钻研和掌握，当然也离不开相关行业方面专家的支撑、兄弟博物馆的鼎力支持等。

原辛亥革命博物馆充分发挥自身的专业性，深挖历史，加强研究，使展览更具专业性和可看性。在馆内成立策展团队，成员包括擅长各方面专业工作的青年人员。在文案策划阶段，策展团队得到了华中师范大学近代史研究所、湖北省图书馆、湖北省档案馆、武汉市档案馆、八路军武汉办事处，以及外地包括南京抗日航空烈士纪念馆等方面的支持，同时还邀请了党史、武汉革命史、近现代史等研究领域的多位专家对文案进行多次评审和把关，确保史实的准确性。

（四）牢记讲好本国故事的宗旨

施拉姆指出了国家间信息流通和大众传播媒介分布的不均衡性，发达国家在文化传播中占有垄断地位，存在"文化强权"等现象，跨文化传播中不平等性是客观存在的。针对此现象，他表示在注意外来文化冲击性的同时，要充分考虑本土文化、理解传统文化，建立地方性的文化传播平台，在传播过程中了解当地的文化风俗，充分利用传统的人际传播模式，并辅以大众传播媒介。

传播文化软实力的基本功是"讲好故事"。对博物馆来说，要在国际交流中坚定文化自信，自始至终讲好中国故事，发挥好博物馆在推动不同国家文明交流互鉴方面的作用。在讲述中外人民友好交往的纪录片《相遇在中国》里，苏州园林博物馆馆长薛志坚表示："只有让不同文化之间的对话建立在相互尊重、相互爱慕的基础上，才能让我们守护的这份文化遗产分量更重，寿命更长。"❶

展览名字虽为"纪念苏联空军志愿队特展"，但展览也特意用大篇幅展现了中国军人在抗战期间的贡献，展现了武汉在抗战历史中的重要地位。赴俄罗斯交流展出时，馆方向俄罗斯人民宣传了中国军民的抗日战争历史，以及中国人民对英雄的缅怀和敬意，也展现了两国人民互帮互助深厚情谊。

2018年8月，习近平总书记在全国宣传思想工作会议上强调，做好新形势下宣传思想工作，必须自觉承担起举旗帜、聚民心、育新人、兴文化、展形象的使命任务。展形象，就是要推进国际传播能力建设，讲好中国故

---

❶ 五洲传播中心.相遇在中国[Z].当英国古堡遇到中国园林,2020(5).

事、传播好中国声音，向世界展现真实、立体、全面的中国，提高国家文化软实力和中华文化影响力。博物馆是文化记忆的保存者，也是文化的传播者，是连接不同地域、国家、文化的重要媒介，在构建文化认同、促进跨文化对话中具有重要的作用。博物馆应该时刻坚定文化自信，充分发挥自身文化和历史资源优势，紧跟时代发展步伐，担负起传播中华文化的使命，发掘利用馆藏资源，以展览的方式讲好中国故事，传承优秀文化，为推动跨文化交流发展贡献一份文博力量。

"一带一路"视域下"长安有故里"策展实践

西安博物院　卢颖　馆员

2023年恰逢人类命运共同体理念和"一带一路"倡议提出十周年，十年来，共建"一带一路"从中国倡议走向国际实践，已成为共建共享、互联互通的国际平台。从古丝绸之路到新丝绸之路，不同文明在两千余年的时间里碰撞出了灿烂的光芒，结出了繁盛的果实，诠释着、丰富着人类命运共同体的内涵。

在这一大背景下，西安博物院策划了原创展览"长安有故里——丝路少年大唐行"，并将本次展览作为2023年陕西省5·18国际博物馆日主场活动特展隆重推出，该展深入阐释长安文明，向世界讲述长安故事。展览开幕之际，恰逢中国—中亚峰会在西安举办，这让本次展览得到了社会各界的广泛关注，在微博、小红书等平台热度持续居高。

一、展览策划思路

"长安有故里——丝路少年大唐行"的策展灵感来源于西安博物院院藏明星文物——唐代三彩腾空马（见图1）。三彩腾空马是西安博物院热度最高的文物之一，屡次出现在各大展览之中。这件文物1966年出土于西安市莲湖区西郊制药厂的一座唐墓中，由骑马俑和腾空马俑两部分组成，骑马俑为一名胡人少年形象，表情恬静自信，胯下飞马跃动潇洒，一动一静之间产生了强烈艺术效果，再现了丝绸之路上西域胡人策马奔赴长安的生动形象。三彩马的腾空造型及在当时属于舶来品的蓝钴釉料的罕见性，都昭示着这件文物的价值。院方在展览中对文物所蕴含的价值和信息进行了再解读，结合"让文物说话，让历史说话"的精神，突破传统展览叙事方法，采用"他者"视角，让馆藏文物讲述中国故事，展现中华文明悠久的历史和人文底蕴。

图1　西安博物院藏唐三彩腾空马

展览以马背上的胡人少年为原型，演绎了一位沿丝绸之路而来，前往长安寻梦的蓝衣少年形象。通过蓝衣少年在大唐长安游历的所见、所闻、所感，勾勒出繁盛、热烈的唐代世俗生活百态，描绘出长安人多姿多彩的生活画卷，再现了长安这座国际化大都市的万千气象。

每个人的心中都有一个长安，丝绸之路上的蓝衣少年，是古丝绸之路上的"他们"，也是"一带一路"新征程上的"我们"。展览旨在传承"丝路精神"，通过蓝衣少年的内心体悟与文化认同，展现作为丝绸之路起点的长安与世界之间的交流互鉴，助力"一带一路"建设，彰显中华文明的感召力、凝聚力。

二、展览内容框架构建

展览由"前言—序言""场景单元""尾声—结语"三部分组成（见

表1）。前言回溯历史，结语呼应时代精神，序言和尾声与四个场景单元之间形成完整的故事逻辑，每个单元下设两个小节及一处"蓝衣少年说"，使展览内容兼具故事性与文学性。展览以马背上的蓝衣少年为主人公，演绎出这位异域少年在长安的所见所闻，以西市、寺院、郊外和宅居为场景，带领观众重回盛唐时光，沉浸式感受盛唐气象，在蓝衣少年的所观、所感和所思中，展现异域来客对长安、对大唐的文化认同，彰显时代精神。

表1 "长安有故里——丝路少年大唐行"内容框架

前言			
序言			
第一场景	长安市 商与肆	大唐金市	蓝衣少年说
		胡姬酒肆	
第二场景	长安寺 茶与戏	禅茶之风	蓝衣少年说
		百戏杂技	
第三场景	长安郊 游与猎	狩猎出游	蓝衣少年说
		水边丽人	
第四场景	长安居 宅与器	宅居庭院	蓝衣少年说
		陈设器用	
尾声			
结语			

第一场景"长安市 商与肆"，通过丝路驼队、商贸器物及钱币、乐舞、酒器等品类文物，辅以大量史料、图版，再现大唐金市的繁华景象和胡姬酒肆的异域风情。

第二场景"长安寺 茶与戏"，以寺院为主题场景，通过类型多样的茶器、杂技俑展现出唐代茶饮风尚的流行和寺院戏场的兴盛，一静一动对比之间是唐人异彩纷呈的文化生活。

第三场景"长安郊 游与猎"，还原唐人狩猎、郊游场景，狩猎俑、仕女俑、女性饰品等文物，展现出了唐代贵族驱马游猎的恣肆快意，彰显了唐代女性的自信从容之美。

第四场景"长安居 宅与器",回归长安人的宅居日常,庭院模型、生活用品、日常陈设,处处可见唐人对美好生活的向往和对审美的追求。史料和出土墓志所见的入唐域外人信息则是对展览主题的又一次深化。

展览为观众提供了多元化的观展视角,每个单元纵向三级内容层层递进、脉络清晰,一级、二级内容采用以故事为线索的文学性叙述,三级内容采用以历史性文字和图片为主的学术性表达,两种方式相互交融,立体化展现唐代生活的衣食住行、文化娱乐、宗教信仰等内容,呈现东西方文化交流产生的丰富内容。展览注重展品与主题的贴合度、展品内涵的丰富性与故事性,共选取西安博物院藏唐代精品文物178件(组),包括陶器、瓷器、金银器、玉器等,这些精美的展品不仅展现了唐代文化艺术的时代特征,也见证了丝绸之路上东西方文化艺术的交流与融合。

三、展览内容阐释与思索

"长安有故里——丝路少年大唐行"不仅是一个展览,而且是一个有温度、有情怀的中国故事。策展团队希望这个展览无论是叙事方式、形式设计,还是情感逻辑、精神张力,都能合理闭环。如何建立各单元之间的联系,如何让倾注其间的情感流动更加顺畅合理,如何使观众的体验更为丰富多样,如何避免与类似展览的同质化,这些都是策展团队着重考量的问题。在展览策划的过程中,策展团队参考了大量的学术著作、学术论文,并吸取了学界的最新研究成果,力求兼顾学术价值、文学价值与美学价值,带给公众一场特别的展览。

结合2023年"一带一路"倡议提出十周年这一背景,策展团队以院藏明星文物唐三彩腾空马上的胡人少年为创意灵感,虚构演绎出一位蓝衣少年形象,构建了一个完整的故事。通过蓝衣少年的所观、所感、所思,展现异域来客的内心感悟与文化认同,做到透物见史、见人、见精神,让馆藏文物讲述中国故事。展览采用微观叙事,叙事笔法以小驭大,以个体指代群体,聚焦民族交融大背景下的微观个体,并赋予其自我言说的空间。蓝衣少年虽然是一个虚构的人物形象,却是唐代流寓长安建功立业群体的缩影。这是一段寻梦的故事,蓝衣少年的长安,浸透着大唐风华,万水千山的奔赴,凝聚着"丝路精神"。胡人少年和长安的相遇创造出一段充满昂扬生命力的逐梦之旅,成为丝绸之路不同文明交往交流交融的见证,呈现出作为丝绸之路起点的长安与世界文明交流、互鉴的生动历程。

展览将蓝衣少年设定为一个在祖辈濡染影响之下,从小即对长安心怀憧憬的胡人少年。结合展厅空间及馆藏文物,策展团队通过展品组团及半场景复原的方式,构建出蓝衣少年的观看视角,打造了"长安市""长安寺""长安郊""长安居"四个集中展示的场景,以"大唐金市""胡姬酒肆""禅茶之风""百戏杂技""狩猎出游""水边丽人""宅居庭院""陈设器用"八个情境化主题,为蓝衣少年量身打造了一场深度长安游,从西市、寺院,到郊外、居所,以点带面,带领观众开启一段长安之旅。在前言与结语之外,展览特别增设了序言和尾声,形成了完整的故事脉络,为展览的主人公蓝衣少年编织了相对完整人生之旅,使展览内容更具故事性。展览叙事文本以"逐梦之旅"为创设主线,既契合文物本身特质,也契合历史真实,同时契合时代发展理念,将"丝路精神"及"一带一路"倡议理念融会其中,让文物说话,让历史说话,传递中华民族和平发展、开放包容的文化精神。

展览鼓励并支持观众以带有个人想象的方式观看展览,在其中嵌入、营造了诸多体验式、沉浸式的情感线索,从而与观众建立更为直接的连接和对话。展览采用明暗两条线索并行的方式展开,明线采用他者视角讲述故事,观众可见的是蓝衣少年眼中的长安,是全知视角的呈现。暗线则用"蓝衣少年说"简笔勾勒铺陈了一条情感线,区别于展览大纲的第三人称描述,"蓝衣少年说"全部采用第一人称,由主人公直抒胸臆表达内心体悟,在情感上层层推进,使得整个展览在情感维度上更饱满更流畅,也更能触发观众的情感共鸣。明暗两条故事线随着蓝衣少年游历、逐梦的脚步不断交织，从而形成故事逻辑和情感逻辑的闭环。

展览通过时空意象构建出人与物、人与空间的联系。对于展厅外的博物馆环形公共空间，策展团队首次尝试将其作为展览序厅的一部分而非单纯营造氛围，打造出万里丝路尽入长安的时空意象，形成浓烈的氛围渲染与入城仪式感。黄沙漫漫的丝路尽头是人烟阜盛、街市繁华的长安城，穿过隋唐长安城的丝路起点、万里丝路第一门——开远门，序厅即为主展文物三彩腾空马——展览叙事主人公蓝衣少年——在长安大道上策马疾驰的意象，继而过渡到展览的第一场景丝路贸易的最大集散地长安西市。由此，整个展览以一场蓝衣少年的逐梦之旅为主线索徐徐展开，使观众在观展之中能感受到一股蓬勃向上的精神张力，将情感与历史交织在一起。

四、结语

"让文物活起来"是新时代文博工作的重要使命，讲好文物故事则是其中的关键。"长安有故里——丝路少年大唐行"是西安博物院贯彻习近平总书记"让历史说话，让文物说话"讲话精神的一场展览实践，力争通过展览展现中华文明的悠久历史和人文底蕴，助力世界认识中国、了解中国，推进文明间的交流互鉴。当下，博物馆愈来愈成为彰显文化软实力、促进国际友好交流、表达传递和平愿望的重要平台。讲好中国故事，让历史说话，让文物说话，让文物真正"活起来"，需要通过更多中国文物故事的诠释与讲述，为各国文化的交流互鉴提供博物馆的力量。

城市内外

——作为接触地带的区域美术馆及其跨文化交流

湖北美术馆　夏梓　二级美术师

中国艺术博物馆是"西学东渐"的重要产物（1986年文化部发布的《美术馆工作暂行条例》将美术馆认定为"造型艺术博物馆"。由于中外历史发展的错时性，又因受到中国自有权责隶属、体制设置等客观因素的影响，将美术馆等同于艺术博物馆是目前学界的普遍做法）。东西方艺术的交汇乃是塑造现代中国之精神品格的重要路径，作为"开放与共享"的场域空间，中国艺术博物馆是中外互鉴的见证者，更是探寻本土艺术精神的参与者。而事实也正是如此——纵观中国艺术博物馆的萌芽、发生与发展历程，不论是20世纪初期近现代美术展览制度初设，还是导夫先路者对构建世界艺术博物馆的设想与实践，抑或是中华人民共和国成立后"文化先行、外交殿后"政策下的一众美术交流活动，又或是改革开放初期，展览作为外国美术思潮在华传播的重要渠道，乃至新时代以来，中国艺术博物馆基于对西方既有理论及经验的本土追问而展开的更为多元也更为实质性的中外美术交流，这些都是世界博物馆发展史中的重要组成部分，中国艺术博物馆的自形塑造过程亦是中外文化艺术在"全球本土化"语境下交融与博弈的过程。

在这一系列以展示空间为载体的跨文化交流与实践中，所呈现出的不可回避的共性特点：如西方展览经验对中国式策展所产生的镜鉴性作用；在对国际特展的展示与传播中，美术馆经验不断积累并逐步凸显出的区别于传统博物馆行业的艺术性叙事特征；中国美术馆在对外合作实践中面对

"高势能文化"所呈现的不自觉的依附性,以及与之相伴而生、基于本土文化视野与文化心理所生成的越来越强烈的文化自觉性,这些均说明了美术馆成为异质文化相遇及交往接触地带的必然性。

"接触地带"由美国学者阿里夫·德里克提出,他从东西方文化研究的视野出发,对"殖民遭遇空间"所指的"接触区"概念进行了延展,认为"接触地带并不仅是统治的地带,而且是跨文化行为得以发生的交流地带,即便是不平等的交流"。❶ 由此,作为中国美术现代性探索与实践的重要阵地,不论是引进借鉴过程中的被动依附,还是能动参与其中的文化互为,或者是多元化与回归本土的追问,都是美术馆及其策展实践以交流为前提所展开的双向度文化传播。

城市是文化的容器,世界则为探索者提供了无限的可能。自近代以来,城市即在内外合力的作用下不断生长,并呈现出丰富而鲜明的地域文化特征。随着数字化时代的到来,世界交往中的地域边界与物理区隔日益模糊,叙事视角的下沉使地域文化在全球传播过程中不断获得被看见的机会。而其间,作为接触地带的区域美术馆也即成为了实现跨文化交流与合作,推进地域文化与全球文化共生发展的重要视觉现场。

诚然,相比北京、上海等美术馆行业发展迅速的中心地区,区域性美术馆在展览资源、合作平台、策展经验等各方面不具优势,在对世界美术的引进、转换与交流实践中,被动依附、差异误读等现象则更为多见,接触地带的特征其实也就更加凸显。但从宏观文化传播策略与微观在地交往经验的角度来看,以地域为发生地、下沉于在地经验的跨文化接触,在具体的策展实践中,似乎又更能从微观叙事及"以人为本"的交往维度出发,在细微之处凸显城市内外的人文温度,从而增加文化互动的有效性。而从博物馆学的角度来看,传统的西方博物馆运作方式也早已不再是世界其他

---

❶ 阿里夫·德里克.中国历史与东方主义问题[M]//陈永国译,罗钢、刘象愚.后殖民主义文化理论.北京:中国社会科学出版社,1999:89-90.

地方博物馆所必须自动遵循的模式。❶ 博物馆作为保护与传播人类文明多样性的重要媒介，克服同质化危机，强调"区域性视野"也越来越成为新博物馆时代的重要议题之一。

作为接触地带的区域美术馆，其在连接城市内外的跨文化交流与实践中，"交往"既是地域文化与全球文化共生发展的基点，也是宏观文化传播与微观在地经验相互融合路径探索的切入口。故此，与具体的人、事、物发生实质关联，"以人为本"的交往维度与中间视角是地域文化走向世界，并促成文化传播双向度展开的重要策略。湖北美术馆作为中部地区区域性美术馆的重要代表，在与世界美术的相遇过程中，相关的策展实践构成了以人文交往为城市增色的接触轨迹。

一、在地经验与情绪共鸣的相互塑形

贡布里希曾就蒋彝的中国画《德温特湖畔之牛》谈论道："他（蒋彝）要我们这次按照'中国人的眼光'来观看英国景色……我们可以看到比较固定的中国传统语汇是怎样像筛子一样只允许已有图式的那些特征进入画面。"❷ 曾在湖北美术馆引进举办的"黑土大地——山艺术文教基金收藏俄罗斯油画艺术展"（见图1）中特别展出的梅尔尼科夫油画作品《武汉的船坞》（见图2）恰与蒋彝《德温特湖畔之牛》形成了巧妙的互动，前者以水墨画西方湖景，后者则以油画语言绘中国风光。毫无疑问，在地视觉经验此时成为观看与被观看之间有效的沟通媒介，而事实上，苏联美术曾一度是我国了解外国美术的唯一窗口，《武汉的船坞》作为梅尔尼科夫于20世纪50年代来华访汉及教学期间所创作的写生作品，在半个多世纪后辗转回到武汉展出，其基于共时性在地经验，与武汉城市之间所生成的情绪共鸣，

---

❶ 雨果·戴瓦兰.未来的社区博物馆[J].宋向光译.中国博物馆,2011(Z1):54-55.

❷ 贡布里希.艺术与错觉——图画再现的心理学研究[M].杨成凯译,桂林：广西美术出版社,2015:75.

也恰恰凸显出中俄艺术交流中的一段生动历史。同样，展览"阿涅斯·瓦尔达的海滩在中国"（武汉站）中所展出的 China 1957，是法国新浪潮之母阿涅斯·瓦尔达于1957年受邀来华访问期间的摄影记录，展览特别以中国红墙的形式集中呈现了这位法国著名导演关于中国的情感记忆，在地媒体一篇题为《55年前的"长江一桥"旧照展出》报道更是将现实记忆中人与人、人与物之间的物质交往和精神交往娓娓道来。

图1　"黑土大地——山艺术文教基金收藏俄罗斯油画艺术展"（武汉站）展厅现场

二、微观日常与现实交往的策略式切入

现实的人与物是一切交往的基点。英国当代艺术家迈克尔·克雷格·马丁的作品被评价为"以线条构成真相，以色彩赋予感官"，具象的表达与色彩的张扬为其在公共文化空间内的展示与传播营造了轻松而直接的氛围——艺术家在湖北美术馆的几个展厅内几乎没有用到文字性的标签说明，而这一表达与接受的顺利达成，更是因为微观日常生活下人们共有的视觉图像经验。人们在微观日常中的共有体验往往更能直接地激发人与人、人与物之间的现实交往，而基于对地域文化视野的有意识引入，展览还体现了在地艺术家的视角与观点，其目的正在于利用共通的形象感知体验，实现跨文化的区域性表达与输出。而相比迈克尔·克雷格·马丁所呈现的日常生活中物的图像，另一位西方当代艺术家肖恩·斯库利的抽象叙事方

图 2 梅尔尼科夫，《武汉的船坞》

式，貌似较难与观者达成微观日常经验观照下的实质性交往，但从其色域表达的内核来看，其创作又根植于现实中的微观世界。对于公共美术馆尤其是地方性的文化展示空间来说，如何在跨文化语境下讲好抽象绘画的故事，着实需要一定的叙述策略，为此，"肖恩·斯库利：抵抗与坚持"（见图3）在武汉的展出，特别开辟了艺术家私人日常物品的展示区域，加之图文并茂的故事年表，尝试为观者提供具体的现实引导，从而促使观众与展览实现交往。而作为真正的跨文化接触地带，肖恩·斯库利在结束武汉的个展后，在地的交往经验为艺术家带来了创作的灵感，离汉后肖恩·斯库利专为湖北美术馆创作了铝版丙烯作品《窗-淡蓝色》（见图4），此前，他曾表示："武汉是一个巨大的水上城市，好似一个浮动的景观，希望这里的景观、这里的人与我在展览中相遇并结缘，也由此进入我未来的创作。"

图 3 肖恩·斯库利：抵抗与坚持（武汉站）展厅现场呈现的艺术家日常物品

图 4　肖恩·斯库利,《窗–淡蓝色》

三、地域与世界的互见

在数字化与全球化进程的驱动之下,世界交往中的地域边界与物理区隔日益模糊,地域文化开始兼具全球化与本土化的传播特征,这也使作为接触地带的区域美术馆在跨文化交流的过程中,不仅看到了世界美术,更被世界美术所看到。以"大漆世界:变·通——2023 湖北漆艺三年展"(见图 5)为例,共有来自 9 个国家的 140 余位艺术家的漆艺作品在展览中展出。"漆艺三年展"是湖北美术馆持续举办的颇具国际影响力的重要展览品牌,这一品牌植根于楚文化的深厚历史土壤中。湖北美术馆致力于推动国际视野下大漆艺术在当下的创造性转化和创新性发展。"于变通中开新局,向世界展示'大漆世界'"是本届漆艺三年展从本土文化出发,依托中华优秀传统文化、立足全球交往的大视野而提出的重要主旨,其文化传播的核心逻辑即在于扎根地域文化实践、突破地域思维局限,让地域交往真正迈向世界交往。

图 5　大漆世界：变·通——2023 湖北漆艺三年展

事实上，随着中国美术馆及展览制度的不断完善与发展，新时代以来，城市双年展亦进入了蓬勃发展、多元生长的繁荣时期，国际参与逐渐成为各地双年展、三年展的标配，这也使城市美术馆、区域美术馆越来越成为各种思想汇集与交锋的舞台，而此时，更多维的博弈也直接地体现在国际策展实践的方方面面。当然，这一复杂的博弈过程也见证了地域文化和世界文化的互见与互鉴。

四、结语

文化交往的边界往往是模糊的，难以分清。作为接触地带的区域美术馆，更面临着叙事视角下沉带来的新情况，而过往国际展览经验不足的困境。同时，也告诉我们，跨文化交流中不可能存在沉默的客体，抑或是单向度的输出与输入，双方互动的交往行为才是真正的交流。目前来看，区域美术馆在跨文化交流及展览实践中的惯性依附、文化逆差、差异性误读等现象仍然普遍存在，这一方面与地域资源受限、高质量交流项目的长期缺失有关，另一方面，也与各地美术馆发展不均衡、一定范围内跨文化交流渠道的不畅通有关。总体而言，从中国艺术博物馆的发展现状来看，面对西方展览经验的"他者之镜"，其在自性建构和本土文化输出上的自觉性仍是不够的。但面对新机遇与新挑战，作为接触地带的区域美术馆，宏观传播战略下的微观式切入确实具备策略性的优势，而在以策展实践为主要输出方式的跨文化交流中，开放的姿态、本土文化的定位、中间的视角，以及"以人为本"的交往态度，或许仍然是当下地域文化走向世界，并促成文化传播双向度展开的重要策略。

国际展览的策划

——以国家大剧院穆夏展为例

国家大剧院　孙媛媛　副研究馆员

一、大剧院牵手穆夏

2019 年，包括阿尔丰斯·穆夏（Alfons Mucha）以伯恩哈特为原型创作的戏剧海报《吉斯蒙达》《茶花女》《托斯卡》《美狄亚》等在内的 170 件展品计划来华巡展，国家大剧院成为北京巡展站点。穆夏是一位与戏剧圈关系密切的画家，早年曾有在剧院设计舞台布景和服装及为杂志创作戏剧服装插画的经历。27 岁那年穆夏因为当时巴黎红极一时的戏剧女演员莎拉·伯恩哈特创作的一系列戏剧海报而一举成名，成为 19 世纪末、20 世纪初欧洲新艺术运动的领军人物。作为国家大剧院建院以来首个收费的国际展览，此次展览策划的初衷，是为了让喜爱表演艺术和视觉艺术的观众在上演过歌剧《托斯卡》和《茶花女》的国家大剧院，与百年前的穆夏经典戏剧海报邂逅（见图 1）。

图 1　展厅实景图

二、内容设计

(一) 重组展品

穆夏是捷克的国宝级艺术家，也是欧洲新艺术运动的杰出代表，被《纽约每日新闻报》誉为"世界上最伟大的装饰艺术家"。他的创作题材广泛，包括海报、插画、装饰板、工艺品设计，以及油画、雕塑等。其中，他为法国著名女演员萨拉·伯恩哈特创作的一系列新艺术风格的戏剧海报尤为著名，曾风靡一时，并成为引领新艺术运动的旗帜。其中的代表作《吉斯蒙达》《茶花女》《美狄亚》《托斯卡》在本次展览中集中亮相，此外，极具"穆夏风格"的装饰板组画如《一日时序联画》《宝石联画》，体现穆夏艺术思想和超群装饰画技法的《装饰资料画集》和《装饰人物画集》，以及穆夏本人拍摄的大量银盐照片，也在此次展览中首次与北京观众见面。展览分为"穆夏海报""穆夏装饰板""穆夏装饰资料及人物画集""新艺术运动风尚""穆夏摄影""穆夏的插图版《主祷文》""穆夏的斯拉夫民族赞歌"七个章节。

虽然作为巡展合作方的捷克布拉格装饰艺术博物馆提供了主体展览大纲，但在实际展出时我们调整了各部分展出的顺序及部题下方展品的排列。比如，为了凸显戏剧海报在所描绘对象及作品画幅规格上的特点，我们有意将表现莎拉·伯恩哈特不同舞台形象的四张同为竖长条规格的戏剧海报集中起来，在作为展览开端的第一章节中展出。这批作品尺幅大，视觉效果震撼，是"穆夏风格"的典型代表，能够一下子抓住观众的注意力（见图2）。又比如，为了辅助观众理解穆夏对整个新艺术运动的影响，我们并没有把"装饰艺术运动"（其中大部分并不是穆夏的作品，而是同时代其他装饰艺术家的作品）这一部分放到展览的末尾，而是选择将其放在"装饰人物画集"（见图3）这个部分之后，因为"装饰人物画集"展出的是分别出版于1902年和1905年，被誉为"装饰艺术教科书"的穆夏创作的两本装饰画集，体现了穆夏传播和普及新艺术风格的装饰艺术技法和理念的意图，并对欧美的装饰艺术教学及实践产生了深远影响，而"装饰艺术运动"（见图4）这一部分所展示的家具、服装、珠宝、玻璃、陶瓷等工艺设计师们的作品，恰好能从一个侧面印证被称作"世界上最伟大的装饰艺术家"的穆夏对同时代装饰艺术家们所产生的影响。

图2 "戏剧海报"集中展出

图3 "装饰人物画集"展示

图4 "装饰艺术运动"展示

（二）制作专题片

考虑到国内普通观众对穆夏和欧洲新艺术运动的认知度并不是很高，为了辅助观众更好地理解穆夏及其作品，策展团队特别编导制作了一部时长15分钟的穆夏专题片，来向观众讲述"穆夏是谁？"。专题片脚本的撰写结合穆夏的成长环境和他生活的时代背景，介绍了其艺术面貌的形成过程，以及他在晚年由新艺术风格绘画创作转向斯拉夫主题绘画创作的原因。在本次参展作品当中，穆夏晚年的斯拉夫主题绘画数量较多，尤其在"海报""插图版《主祷文》"和"斯拉夫民族赞歌"这三个部分，展出了穆夏晚年回到布拉格之后创作的一些民族主题纪念海报和宗教题材绘画，以及他为布拉格市民会馆所创作的装饰壁画油画稿。这些晚年的作品从风格上都与他早期的新艺术风格截然不同，而且这部分作品的象征性较强，若不提供足够多的背景知识，观众很可能会对穆夏画风的转变产生疑惑，或者"看不懂"。

为了搜集相关素材，我们与捷克收藏穆夏作品最多的几家博物馆取得了联系，从他们那里获得了珍贵的影像素材；同时策展团队成员专程奔赴布拉格，采访捷克馆方的相关研究人员，实地拍摄了布拉格城市景象、装有穆夏彩色玻璃画的圣维特大教堂，以及穆夏晚年居住近20年、潜心创作"斯拉夫史诗"系列历史画的兹比罗赫古堡的内景、外景等（见图5）。同时，专题片的配乐——悠扬的《伏尔塔瓦河》回荡在展厅中，可以瞬间将观众的思绪带到布拉格，使观众深深沉浸于穆夏的爱国情绪之中。开展后的情况证明，这部专题片成为了最受观众喜爱的"展品"之一。由于观影座位有限，很多观众席地而坐，反复地观看影片，久久不愿离去。

图5　穆夏晚年居住地

（三）专门为儿童设计的展品说明

除了针对一般观众而制作的展品说明外，本次展览还尝试推出了儿童版的重点展品语音导览，让已经熟悉手机扫码的小观众们能够自己独立扫码收听。语言风格上采用活泼易懂的文字，并邀请儿童播音员录音，以一问一答的形式向孩子们讲述作品背后的故事。开展后从观众的反馈来看，这一尝试受到了大家的肯定（见图6）。

图6　儿童参观展厅

三、形式设计

（一）色彩

虽然本次展览分为七个部分，但展墙所使用的颜色并不多，仅采用了绿、蓝这两种主色调。展览的前半部分主要展出的是穆夏新艺术风格时期的作品，主色调为穆夏众多装饰板中常见的一种绿色，具有自然主义的气息；而展览后半部分以穆夏的宗教题材和斯拉夫题材绘画为主，所以将《斯拉夫大团结》组画中常见的深蓝色作为后几个部分主色调，与晚期作品阳刚深沉的画风相协调。主色调的变化实际上暗示着穆夏艺术创作的转型及画风的转变。

（二）场景

展览中的主要场景有两处。其中一处位于第一部分"海报"区域。上文提到，我们将穆夏创作的多幅戏剧海报集中在了展览的开端部分，因而想要设计一个场景,将这一组海报凸显为一个单独的板块,体现穆夏与剧院的特殊关联性。于是,我们想到要做一个剧院的场景,我们从19世纪末欧洲剧院的相关文献中提取了立柱、拱门、包厢垂幔等元素加以抽象,营造了剧院的场景,并将以莎拉·伯恩哈特为原型的条幅海报置于拉开的丝绒垂幔之下,配合多媒体显示屏滚动播放的伯恩哈特的剧照,让观众不由自主地通过穆夏戏剧海报中所表现的一个个女主角,去想象在19世纪末欧洲的剧院舞台上大放异彩的女明星伯恩哈特。另一处场景位于展览最后的"斯拉夫民族赞歌"这个部分。这一部分的九张油画是穆夏在1911年为布拉格市民会馆创作的装饰壁画的小稿,这组壁画今天仍然存在于市民会馆当中。其中一张圆形构图的作品是位于会馆穹顶的《斯拉夫大团结》,其余八件"T"形构图的作品则位于穹隅。为了帮助观众理解这组作品的特殊构图和原始功能,我们设计搭建了一个12边形的半封闭空间,在空间顶部设计了巨大的拉膜灯箱,灯箱画面来自于《斯拉夫大团结》,并将九件油画作品在多边形的墙面上环绕展出。这一场景位于展览的尾部,独特的场景和明亮的光线使已经处于观展疲劳状态的观众再次兴奋起来(见图7)。

图7 "斯拉夫民族赞歌"场景

此外,在展览的"插图版《主祷文》"这个部分,我们以穆夏为布拉格圣维特大教堂设计的彩色玻璃窗为原型设计了灯箱场景,为的是营造出沉静肃穆的氛围,让观众能够静下心来品味穆夏创作的一系列引导人们向善的宗教题材作品。而在展厅出口附近设计的场景灵感来源于穆夏的《风信子公主》，公主造型处于闪烁的满天星背景中，唯美而梦幻，喜爱穆夏的观众在离开展厅前可以在此合影留念（见图8）。

图 8　展厅出口拍照打卡场景

（三）展签

本次穆夏展在"海报""装饰板"即作品尺幅较大的这两个部分，采用了落地一体式展签。距离画作 80 厘米、高度距地 70 厘米、向观众倾斜 40 度角的一体式展签，替代了贴在展墙上的传统展签，能让展览整体显得更为简洁利落，还能够避免观众贴近作品、影响其他观众参观（见图9）。

图 9　观众在参观展览

展览中有二十多件展品配有重点展品说明（分为普通版和儿童版），为了避免产生说教意味，展签上只标注了作品的基本信息，而将详细阐释作品含义的重点展品说明作为选择项，以二维码的形式呈现在展签上。有需求的观众可以扫码阅读或者收听作品的详细说明，观众还可以将界面收藏，随时观看或收听。这种将展品信息分层级呈现方式，给予观众获取展览信息更大的主动权和选择权，同时也为老人、儿童、残障人士等提供了了解作品的便利。

（四）海报

展览海报设计将穆夏风格与现代设计语言相结合，这是一次成功的尝试。设计师将穆夏海报和装饰板作品中优雅唯美的女性形象提取出来，结合穆夏最喜爱的植物装饰图案和曲线几何纹样，并选择穆夏作品中常用的低饱和度色彩与之相匹配，凸显出一种繁华而又平面的美感，令人赏心悦目。同时，设计师将穆夏作品中的英文字体转换成英文设计，最终形成此次展览既现代又复古的LOGO。本次穆夏展的海报荣获了"2019'缪斯慕'博物馆海报设计年度十佳海报"，并获得评委会给予的"艺术韵味、专业水准、国家格调"的评价。此外，策展团队还在海报主视觉基础上延伸设计了展览的请柬、宣传折页及纪念版明信片（见图10）。

图10 展览的海报、请柬与宣传折页

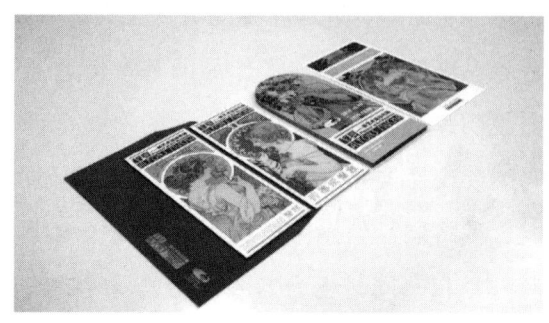

图 10　展览的海报、请柬与宣传折页（续）

（五）互动游戏

本次展览特别设计推出了"玩转穆夏"拼图游戏，让观众在熟悉了穆夏的作品之后，能够参与现场互动，比眼力、拼手速。设计师选取了三件最为典型的穆夏风格作品，提取出其中的女性人物形象并设计了这款游戏。在 30 秒的时限内，观众可以凭借自己对穆夏作品的记忆，通过 15 格拼图还原穆夏笔下唯美女神形象，还可以在微信朋友圈中发起拼手速比赛。观众参与式博物馆强调的观展过程不是单向的知识传输，而是"一个分享、参与和联合的过程"。观众在对游戏的"操控"中，输出了自己的技能和知识，进而成为展览"主动"的参与者，而非仅仅是"被动"的知识接收者（见图 11）。通过这一互动游戏，观众在穆夏的作品与自身之间建立起了联系，加深了对作品的记忆和理解。

图 11　"玩转穆夏"拼图游戏

四、结语

国家大剧院自建院以来，一直秉承"人民性、艺术性、国际性"的发展宗旨，扮演着促进中外文化交流合作的重要角色。作为国家表演艺术最高殿堂的国家大剧院，在推出高水平演出的同时，也致力于举办高水准的视觉艺术展览，将博物馆、美术馆的部分功能融入剧院，使大剧院发展成为一个综合艺术中心。穆夏展筹备近一年时间，是大剧院在国际展览策划上的一次重要尝试。为向国内广大观众介绍阿尔丰斯·穆夏这位新艺术运动先锋，此次展览进行了诸多探索。虽然是一次巡展，但我们希望能做出大剧院的特色，我们在深入研究展品的基础上，大胆尝试展览内容设计和形式设计的创新，使展览可看、可听、可玩。本次展览在 51 天的展期中，售票 3.5 万张，成为一场深受观众欢迎的展览，也为中西文化艺术的交流做出了贡献。

跨文化交流视野下的中小型博物馆办展路径探究

嘉兴博物馆　陈宽　副研究馆员

在全球化浪潮的席卷之下，世界各国之间的联系越来越紧密，文化交流的频次与深度不断增加。中国与世界各国的往来日益密切，博物馆作为文化的重要载体与展示窗口，在跨文化交流领域的重要性愈发凸显。它不仅是一个陈列展品的物理空间，更是文化对话与共享的精神场域，承担着促进不同文化间交流、增进理解的神圣使命。在这一宏大叙事中，不仅大型博物馆凭借其丰富资源和广泛影响力成为跨文化交流的先锋力量，而且中小型博物馆同样凭借自身独特魅力，成为推动对外文化交流的中坚力量。

跨文化交流策展，关键在于打破地理与文化的双重隔阂，让多元视角得以充分呈现，以此加强全球范围内不同文化间的相互理解与尊重。如何策划出高质量、有影响力的跨文化交流展，已然成为各类博物馆深入探索的重要课题。中小型博物馆虽在资源储备上存在一定局限，但只要积极创新策展思路，大胆探索合作模式，就完全有能力在国际文化舞台上大放异彩。

一、立足本土，锚定地域"投石问路"

中小型博物馆在开展跨文化策展时，常常面临藏品资源有限、专业技术人才短缺等难题。因此，另辟蹊径成为必然选择。立足本土特色，深度挖掘本地文化与历史的独特之处，是中小型博物馆实现差异化发展的关键路径。在确定展览主题时，应精心筛选既能体现本土文化精髓，又具备国际吸引力的内容，并以国际化的视野和理念进行内容设计与布局。

每一个地方都有其独一无二的文化故事，中小型博物馆应深入挖掘本土文化遗产，探寻那些具有普遍价值却又鲜为人知的内容，以此吸引国内外观众的目光。毕竟，民族的就是世界的，本土文化所蕴含的民族特性是其走向世界的核心竞争力。展览可聚焦本土历史、艺术或独特的文化遗产，以独特的地域文化魅力吸引国际观众。

以嘉兴博物馆为例，策展团队立足本土资源，积极开拓新视野、融入新思想。2024年，恰逢嘉兴马家浜遗址考古发掘65周年，嘉兴博物馆借此契机，精心策划了"物象之初——江南史前文化美学特展"，并举办了马家浜文化国际研讨会。此次策展设计新颖独特，是浙江省内首个从美学视角讲述江南史前文化的展览。该展的策展思路分为明暗两条线，明线围绕文物流变展开，暗线则将江南史前文化与周边地区同时期文化进行对比。展览以马家浜文化、崧泽文化、良渚文化为时间脉络，划分为"朴素与简单""多变与创意""规范与统一"三个单元，从造型、色彩、纹饰、饰品四个维度，整合苏南、浙北、沪西10家博物馆的藏品，生动展现了江南史前人们的审美演变与实践，成为跨文化交流展示与互鉴的成功范例。

此外，2025年是明代大收藏家项元汴诞辰500周年。项元汴作为嘉兴文化名人，以天籁阁为藏宝地，声名远扬海内外，其收藏的书画作品多为国宝级文物，在收藏史上占有重要地位，现被北京故宫博物院、台北"故宫博物院"及海外各大文博机构珍藏。嘉兴博物馆商借辽宁省博物馆、四川博物院、上海博物馆、浙江省博物馆、天津博物馆、重庆中国三峡博物馆、首都博物馆等文博机构藏品，策划出"天籁回响——项元汴诞辰500周年书画特展"。

二、借力互助，联合他馆"抱团取暖"

对于中小型博物馆而言，举办跨文化的境外文物展面临着诸多现实困难，其中经费问题尤为突出。借展费、运输费、保险费等高昂的办展成本，常常让中小型博物馆对境外文物展览望而却步，即便有优秀的展览创意，也往往因资金短缺而难以落地。然而，近年来博物馆热持续升温，观众对展览品质和文化多样性的需求日益高涨，对境外跨文化展的关注度与期待值也越来越高。为满足观众日益多样化的文化需求，地方中小型博物馆积极探寻出路。

2023年，嘉兴博物馆、宁夏固原博物馆与中国文物交流中心达成合作协议。2024年初，叙利亚古代文物精品展品分两批分别抵达浙江嘉兴和宁夏固原，在两馆同时展出。这一合作模式实现了多方共赢：一方面，有效降低了办展成本，极大地缓解了中小型博物馆的资金压力；另一方面，展览内容完整呈现，同一类型文物在南北两地同时亮相，展览效果丝毫未受影响。此次展览是嘉兴博物馆建馆以来首次引进的国外大型古代文物展，汇聚了来自大马士革国家博物馆、阿勒颇博物馆等10家博物馆的100件（套）珍贵文物，包括祭拜者雕像、亚述壁画、青金石项链等，为中叙两国文明交流互鉴搭建了崭新的人文交流平台，也让嘉兴观众从不同角度感受到了亚洲文化地缘相近、文化相亲、和而不同、和谐共存的独特魅力。

在策展过程中，嘉兴博物馆并未简单照搬原展览内容，而是对其进行了精心的局部梳理。特别将嘉兴的史前文化与叙利亚文化进行横向对比，在"曙光""变革"两个板块增加了嘉兴博物馆的3件文物进行对比展示，生动地反映了中叙两国同时期文化的差异与交融。这种对比展示引发了观众对同一时代不同文明差异性的深入思考，激发了观众的好奇心与探索欲，有效增强了展览的互动性与趣味性。此外，嘉兴博物馆与新加坡艺术学院达成初步合作意向，共同策划沈雁艺术作品捐赠展。沈雁女士出生于嘉兴，历经辗转后定居新加坡，并创立了新加坡艺术学院。她生前曾有遗愿将自己的部分作品捐赠给故乡。借此机缘，嘉兴博物馆与新加坡艺术学院就两地藏品捐赠及跨区域文化交流合作展开了深刻探讨。

三、多元共进，跨界合作"添砖加瓦"

中小博物馆在积极引进境外展的同时，也应主动迈出步伐"走出去"，与其他博物馆、高校、研究机构及非营利组织建立广泛而深入的合作伙伴关系。通过共享资源、联合举办展览等方式，不断拓展自身的影响范围。与大型博物馆的合作是一个极具发展潜力的方向，借助大型博物馆丰富的资源、成熟的平台和先进的技术优势，中小型博物馆能够将自己精心策划的特展推向更广阔的国际舞台。

近年来，嘉兴博物馆积极依托大馆资源，拓展跨地域交流。例如，浙江省博物馆在韩国举办明代服饰展时，嘉兴博物馆踊跃参与其中，让代表地域特色的藏品得以在国外精彩亮相。这不仅开拓了嘉兴博物馆的跨地域视野，也显著提升了它的知名度与影响力。除了传统的实地交流方式，远程交流在数字化时代也成为一种重要的交流手段。疫情期间，嘉兴博物馆与澳大利亚班布里市博物馆开展了线上文化交流和直播展示活动。尽管远隔重洋，但通过镜头，双方可以展示各自博物馆的特色与魅力展品。班布里市博物馆馆长带领嘉兴博物馆工作人员领略了澳大利亚的独特风情及当地居民的传统服饰；而嘉兴博物馆专职讲解员则用流利的英语全程讲解，全方位展示了嘉兴博物馆的场馆构造及 7000 年前的马家浜文化，有力地增进了中澳两地的跨文化交流。

此外，嘉兴博物馆还通过与其他博物馆合作，引进国内博物馆馆藏的"他国文物"举办跨文化交流展。2021 年，嘉兴博物馆与湖北省博物馆合作，借助第三方意中时代（北京）国际文化公司的专业运作，成功策划了"日本浮世绘特展"。该展览一经推出便受到观众的热烈追捧。这种合作方式无须烦琐的报备程序，大大节省了时间和人力成本，为举办跨文化交流辟了一条新的路径。

在特殊时间节点，政府的积极推动也能为中小型博物馆带来难得的跨文化交流机会。2021年，为加快推进"中意（嘉兴）国际合作示范区"建设，深化与意大利的全面合作关系，嘉兴市政府凝聚一批具有广泛影响力的意大利文化、艺术资源，精心策划了2021中意（嘉兴）文化交流月系列活动，包括"一带一路·地中海印记"意大利当代艺术展、"意式美食荟萃嘉肴百碗"中意美食嘉年华、"鸳鸯湖畔普契尼之声"中意普契尼音乐会三场精彩活动。嘉兴博物馆承接了"一带一路·地中海印记"意大利当代艺术展，汇聚了来自意大利当代艺术家多种形式的艺术品。展览以虚拟、泛光学的创新概念和独特艺术实践，深度渗透思想文化内涵，将文字与图像巧妙结构化，在充满活力的振荡空间中实现了跨界艺术交流。此次展览以当代艺术家的独特视角和创新语汇诠释了中意合作的广阔前景，同时以此为契机，成功促进了当代艺术与当地艺术家的深入对话与交流。

四、别出心裁，策展手法"各显神通"

博物馆作为文化遗产的守护者与传播者，肩负着促进跨文化交流与理解的重要使命。根据展览的实际情况，可以选择的策展手法大致有以下七类。

（1）**主题式策展**：选取一个跨越多个文化或历史时期的主题，如"食物与文化""服饰艺术""文字演变"等，围绕主题挑选代表性文物，展现不同文化的异同，帮助观众建立广泛联系，引发共鸣。嘉兴博物馆的江南史前文化特展系列，从农耕、美学到服饰，多角度诠释了江南史前文化。

（2）**时间轴展示法**：按照时间顺序排列展品，从史前到现代，纵向展示某一文化或多种文化的发展历程，让观众清晰地看到历史中的文化互动，使观众理解文化的演进及其内在连续性。

（3）**地理对比法**：在同一空间设置不同文化展区，突出每种文化的地域特色。通过直观的空间布局，让观众感受不同文化的地理分布与环境适应策略，增强观众对地理环境塑造文化类型的理解。如叙利亚古代文物展在嘉兴博物馆展出时，部分内容运用不同地区同一时期文化对比的方法，丰富了展览内容。

(4) **数字科技应用**：运用 AR/VR 技术、多媒体交互装置等数字手段，打造沉浸式体验环境，让参观者"穿越时空"与文物互动，使跨文化交流更生动有趣，以此吸引年轻一代。

(5) **多元视角解读**：鼓励从多元视角解析文物背后故事，除传统学者解读外，融入艺术家、普通民众的声音，提供多层次的解读，增强展览的人文关怀与社区参与度。

(6) **对话式布展**：设置观众的专门对话空间，放置双语或多语解说牌，举办座谈会、论坛等活动，邀请不同文化背景的专家、艺术家现场讲解，促进文物与观众的直接对话，引发观众的思考。

(7) **合作与交换**：与其他国家或地区的博物馆合作，定期交换展览或联合策划展览，实现资源共享与互利共赢，拓宽展览国际视野。

五、结语

跨文化交流为中小型博物馆突破地域局限带来了可能。跨文化交流办展是一项复杂而系统的工程，需要深入挖掘不同文化的内在联系，尊重每种文化的独特性，寻找人类情感的共鸣。中小型博物馆受限于资源与规模，往往在地域文化的展示上存在一定的局限性。而跨文化交流能引入世界各地的多元文化元素，使博物馆有机会展示不同国家、不同民族的历史文化风貌。这不仅丰富了博物馆的展览内容，也拓宽了观众的文化视野，让本地观众便能领略到世界多元文化的精彩，增强了博物馆对观众的吸引力。

地方性实践

中小型博物馆智慧化展示初探

——以楚雄彝族自治州博物馆为例

楚雄彝族自治州博物馆　吴东　馆长

党的十八大以来，习近平总书记多次就文物工作作出重要指示批示，对提升文物保护与活化利用水平提出了新的要求。习近平总书记强调，让收藏在博物馆里的文物、陈列在广阔大地上的遗产、书写在古籍里的文字都活起来，也指出"要推动中华优秀传统文化创造性转化、创新性发展，以时代精神激活中华优秀传统文化的生命力"。习近平总书记对历史文化遗产保护、传承优秀传统文化关心备至、思虑深远。2022年全国文物工作会议确立了"保护第一、加强管理、挖掘价值、有效利用、让文物活起来"的新时代文物工作方针。

博物馆作为文物保护和研究、展览和活化利用的主要机构，承担着文物保护利用与传承的重任。在新的历史时期，中小型博物馆如何结合时代发展和自身优势，充分发挥馆藏资源价值，如何依托新兴科技手段和多元化宣传拓展文物保护与利用范围，以文物为载体，运用新型文物保护材料和数字化信息技术，创新文物保护形式和文化传承理念，发掘文物蕴含的人文内涵，让文物"说话"，实现人们与历史跨时空的交流和沟通，以保护促传承，以利用促传播，让文物在新时期更好地"活起来""传开来"成为了需要我们破解的时代课题。

一、建设现状

楚雄彝族自治州博物馆（以下简称楚雄博物馆）占地 60 亩，总建筑面积 11 200 平方米，有 8 个展厅，展厅面积 7 000 平方米，1995 年建成开馆，2009 年 1 月对公众免费开放。1996 年 6 月楚雄博物馆外观建筑设计入选"国际建协（UIA）第 20 届世界建筑师大会——当代中国建筑艺术展"，并荣获"当代中国建筑艺术创作成就奖"。楚雄博物馆是正处级事业单位。根据楚雄地区的文物资源优势，博物馆开设了古生物厅、历史文物厅、彝族厅、中共楚雄历史展厅四大基本陈列，楚雄博物馆现为国家二级博物馆、国家 4A 级旅游景区、全国科普教育基地、云南省爱国主义教育基地、国防教育基地、环境教育基地、社会科学普及示范基地、民族团结进步教育基地、民族团结进步示范单位，楚雄党史党性教育教学点，是展示楚雄悠久历史、灿烂文化的最佳窗口，是保护地方历史文化和民族文化遗产的主要载体，是铸牢中华民族共同体意识、教育和宣传楚雄民族团结进步工作的重要基地。2014 年创建国家公共文化服务体系示范区以来，楚雄博物馆在全省率先进行了数字化建设的基础性探索，先后在历史文物厅和古生物厅建设了数字化文物虚拟展示系统；在彝族厅设立了电子阅览室，通过电子高清扫描和数字化集成，使观众可查阅到我馆收藏的近 20 万字的珍贵彝族文献和文博专业资料与书籍。这一系列探索实践进一步完善了楚雄博物馆公共文化服务设施，提升了我馆公共文化服务体系的服务水平。

二、存在的问题

中小型博物馆是指相对于国家级、省级博物馆而言的市（区、州）县级博物馆，因其条件受限，中小型博物馆在藏品数量、场馆面积、陈列展览、资金、人力、科研等方面与大型博物馆存在着较大差距，其科学研究、陈列展示、社会教育等功能的发挥也受到一定限制。楚雄博物馆是地州级综合性国有博物馆，属中小型博物馆，在建设发展过程中存在许多中小型博物馆遇到的共性问题。

（一）信息化水平低

博物馆与物联网、云计算、大数据，以及 VR 虚拟现实、AR 增强现实等新一代信息技术的结合水平有待提高。线上展示平台和展示内容，与现代物联网技术关联度低，信息的宣传、展示、通知、预约等无法通过多渠道、多平台实现，信息化服务能力不高。

（二）管理手段传统

馆内文物数量多，需要讲述和展示的历史丰富，但基础工作开展薄弱，内部管理缺乏更为有效的科技手段，缺少文物相关数据采集及配套的线上数字化存储设备，文物信息存储方式较为落后，缺少集成一体化文物信息存储平台。

（三）缺乏智能化设备和数字化展陈设施

由于建馆时间较早，馆内展厅数量有限，展览空间受限，难以满足各种形式的展览需求，一些馆藏精品文物和部分具有较高文化价值的当代艺术品难以及时展出，同时也制约了特色对外展览的引进和临时性展览的推出。文物活化利用不充分，缺乏数字化沉浸式展示空间，文物与观众的交互性展示不足，知识图谱等延伸展示缺乏。如何利用先进的数字技术对文物进行保护和传播已成为亟须解决的难题。

（四）社教无法与宣传平台相结合，缺乏集成系统设置

博物馆在教育宣传与文化传播方面，主要还是利用展厅、展板等传统展示方式，宣传空间区域、受众人数有限。这种展示方式不利于各平台的互联互通及信息的及时发布与更新。同时，馆内信息发布体系不完善，各种信息发布平台相互独立，信息发布缺乏统一管理和及时同步更新，难以面向更广泛的网络观众进行具有吸引力的数字化宣教和传播，降低了宣教

和传播的效果。

在文物数字化保护相关的数据采集、加工、存储、管理及展示应用等方面缺少相关标准规范的指导，没有足够的底层数据系统作为技术支撑。目前现有的传统陈列展览、公众服务模式已经无法满足公众深层次的文化需求。

三、对策

（一）理清思路，全面认识智慧化展示的重要意义

智慧博物馆是在数字博物馆的基础上发展起来的。狭义地说，智慧博物馆是基于博物馆核心业务需求的智能化系统，随着以物联网、大数据、云计算、AR、VR、5G 移动互联等为代表的高新技术的发展，博物馆在展示场景上逐步实现了文物信息的可视化传播、原生情境的具象化重构与观展体验的沉浸式营造。

相较于传统的博物馆，智慧化博物馆特点突出、优势明显。它不再局限于文物的收藏、展览与讲解，而是成为人们了解历史文化的重要平台之一，通过与媒体渠道相结合，博物馆充分实现文化传播的功能。文物展示突破了实地展示的局限性，拓宽了展示渠道，通过数字化手段和互联网提高传播效果，最大程度地将博物馆的影响力和作用发挥出来。有效减少各种因素对文物造成的破坏，通过数据采集与分析系统对文物的保存状态进行分析判断，并帮助技术人员采取相应措施对文物进行修复和保护，有效促进文物资源的保护与传承。利用多媒体、虚拟现实和三维技术，把枯燥的数据变成鲜活的模型，可实现文物与观众的高度互动，使展览内容更加生动直观。通过数字化技术采集与转换实体藏品信息，有效提升博物馆的展示水平，增强观众参观体验。智慧博物馆建设不仅是一种工具手段，博物馆的藏品管理、陈列展示、研学宣教等都能通过数字化技术注入新活力，从而实现对博物馆原有内涵和外延的扩展。

1. 智慧博物馆建设是树立文化自信的重要途径

通过数字技术让文物活起来，更好地挖掘文物价值，让文物讲好中国故事，有助于增强中华文明的传播力和影响力，是传播文化精神、树立文化自信的重要途径。

2. 智慧博物馆能更好地推动文化遗产的保护与传承

数字技术赋能博物馆，助力文物的活化利用，使之不再是尘封的历史，而是与现代社会息息相关的存在。通过数字化展览和宣传教育，能让文化遗产得到更好保护与传承。

3. 智慧博物馆能唤醒历史记忆，让过去活在当下

通过对文物的活化利用，我们可以更加真实、直观地感受到历史事件，使历史在现代得以再现，帮助人们加深对历史的认知。

4. 智慧博物馆提升公众对历史和文化的认知和尊重

让公众有更多机会近距离接触文物，增加他们对文物及文化的认知度和尊重。活化利用也更有助于文物研究价值的发挥。

（二）破解难题，以"项目为王"，全面推进智慧化展示工作

加强规划，多方争取资金，形成项目支撑，是智慧博物馆建设的重要路径。楚雄博物馆在省文物局和州委、州政府的关心重视下，先后争取"楚雄州博物馆可移动文物数字化保护与利用项目"资金161万元，对馆藏226件珍贵文物进行了二维或三维扫描，并制作了很多文物的三维模型，建立了藏品管理系统，夯实了文物活化利用的基础，有效提升了文物数字化保护能力；争取资金300万元实施"楚雄州博物馆序厅数字化建设项目"，采用电子沙盘等先进手段，解决了序厅作为全馆"首厅"功能发挥不完全的短板问题，全面提升了展览水平；争取一定的资金，实施"楚雄州博物馆基本陈列数字化建设项目"，对序厅、古生物厅、历史文物厅、彝族厅4个基本陈列展厅进行了全面数字化建设，对展厅的设施设备进行提档升级，全面提高了全馆数字化展示和文物活化利用的水平，智慧博物馆建设成效明显。

楚雄博物馆基本陈列数字化建设项目，打破了传统静态展陈模式，在保证基本陈列展览不做调整和博物馆展示服务方向不发生变化的前提下，坚持守正创新原则，在基本陈列展览中融入数字化展示手段和现代化呈现方式，实现了"让文物会说话"的效果。借助科技手段，充分利用交互性文物数字化技术、影像数字技术、三维虚拟技术，特别是运用 VR、AR、裸眼 3D、投影等现代化数字技术，实现了对文物数据信息资源的高效收集、整理与整合，使博物馆文物静态陈列方式向静态与动态、实物与数字、真实与虚拟相结合的方式转变，让文物在数字化技术助力之下变得栩栩如生，极大缩短了博物馆文物同观众之间的距离。博物馆在公共文化服务中寻求科技支撑，使博物馆更好地顺应数字时代的发展潮流。项目打通了博物馆线上线下宣传壁垒，将线下文物和线上科技巧妙结合，推动了文物保护与现代科技的融合创新，赋予了文物更多衍生项目的可能性。我馆升级改造本馆网站、微信公众号等新媒体平台，建立数字展厅，拓展孪生博物馆服务功能。

1. 以知识图谱技术为重点，实现博物馆数据的智慧融合

楚雄博物馆在序厅建有文物交互查询智慧化魔墙系统，实现了无限用户同时在全高清触控大屏上，分别体验点击打开展品图片、3D 影像互动、播放视频、查阅展品信息、为自己喜欢的展品点赞、知识问答、展品拼图等互动活动，充分彰显了其互动性、知识性、科学性。

在历史文物厅建有铜鼓展示互动系统，利用透明触控屏展示设备及数字 AI 互动技术，通过数字人"咪依噜"向观众生动介绍铜鼓知识，重点展示世界最古老的铜鼓——万家坝型铜鼓的发现过程、制作工艺、纹饰图案、场景应用等，同时全面展示世界八大铜鼓类型的分布与特征。实现相同展示空间内的实物展示和虚拟展览，实现陈列展览、精品馆藏、相关知识等内容的数字化、创意化、可视化，打破了展览时间、空间的限制。

运用知识图谱技术，楚雄博物馆打造了"恐龙盲盒""元谋人之旅"两

个触摸屏互动系统，通过互动答题、知识闯关、拼图挑战等方式实现展览知识延伸，有效推动了博物馆社会教育方式创新，实现文物信息的共享与共用。

2. 以数据可视化为基础，拓展现代展陈理念和展陈效果

楚雄博物馆建有"威楚瑰宝"精品文物展示系统，利用裸眼 3D 技术结合文物内涵进行设计制作，美丽出画的绿孔雀、撼人心魄的霸王龙为观众带来视觉上的优质体验；利用触控技术、高清显示技术生动展示文物背后的故事，让"文物活起来"，向观众深层次地、形象地讲述楚雄州博物馆馆藏 4 件高级别文物背后的精彩故事。绚丽大气的外表，华美的文物影像，炫酷的动画效果，美轮美奂的整体观感，为文物换上华丽的新装，让观众在"玩转"文物的同时增加对美的感知与享受。观众在自主浏览与体验中，可以全面了解文物的构造、工艺及历史背景等知识。

在古生物厅的恐龙发掘现场展示部分，我馆利用先进的光子透明芯片显示技术，在不改变原有展陈设施的情况下，使展柜成为可投影的显示屏。在"光子膜"上将恐龙化石的基本信息、结构特征、复原形态进行三维立体展示，并辅以数字化同步技术，使实物展示与虚拟展示有机结合，增强其交互性与科技感，为观众提供全新的视觉体验。光子透明芯片显示技术是基于投影的透明显示技术，通过对透明介质材料进行多层结构调整，可以把一切透明介质，如玻璃、亚克力等变为高清、亮丽的显示器，具有全透明、超高清、全彩色等显示特点。

3. 以用户画像和互动式交流为依托，全面提升观众参观体验

在古生物厅"恐龙世界"单元，我馆利用 3D 体感交互设备，使观众可以根据提示做出相应的动作召唤恐龙，也可以根据喜好切换场景，互动打卡并扫码带走自己心仪的照片。

在彝族厅二楼的彝族服饰展室，我馆建设了"霓彩彝裳"虚拟换装系统，基于 AI 人工智能识别技术、数字多媒体技术和硬件设备融合，为彝族

服装打造了全新的交互式展示形态,观众只需站在虚拟试衣屏前,选择自己想要试穿的衣服、选择场景和姿态,拍照后装置自动完成"换装",为观众带来更便捷、高效的换衣体验,观众同样可通过微信扫描二维码将照片保存至手机。

4. 以差异化的文化传播为契机,让博物馆焕发新的活力

建设专门的"数字厅",设计墙面环幕投影与地面投影联动,为观众带来沉浸式空间体验,通过抽象化、符号化的多媒体语言勾勒楚雄的唯美形象,写实的自然人文风光与抽象的视觉艺术相结合,创造震撼的视觉画面,全面呈现楚雄四张世界级名片,"世界恐龙之乡、东方人类故乡、世界野生菌王国、中国绿孔雀之乡"的独特文化内涵,观众可身临其境地感受楚雄的独特魅力。

《梅葛》是著名的彝族长篇叙事史诗,壁画《梅葛》是彝族厅内涵丰富、彝族特色突出、体量最大的一件展品,长36米。如何运用数字化技术展示好这件重要的民族文化展品,在设计之初我馆借鉴了上海博物馆《清明上河图》的展示方法,通过三维数字扫描技术,对壁画进行高精度数据采集和数据处理,对壁画数字扫描成果进行二次加工,让画面动起来,把故事讲精彩,再配以楚雄彝族音乐和解说,让观众浮想联翩、陶醉其间。

通过数字投影技术,楚雄博物馆制作了2段专题数字视频。在古生物厅装架恐龙展台的留白空间里,通过投影讲述恐龙的前世今生和灭绝过程。在历史厅元谋人展柜上方的墙面上通过"走近元谋人"视频,讲述人类起源、元谋人生产生活的故事。这两部分的数字化展示设计有效解决了建设时间较长的中小型博物馆在智慧化博物馆建设中空间受限的具体问题,具有很好的借鉴意义。

(三)扩大传播面,在楚雄地方主流媒体着力打造"让文物活起来"创新品牌

深入开展"馆媒合作",千方百计让文物"活"起来,把楚雄故事讲精

彩。我馆与楚雄州融媒体中心合作拍摄馆藏精品文物专题节目，讲述文物的发现过程、历史文化内涵、科学和艺术价值及其背后的民族团结故事；推出"遇见楚雄"之"文物楚雄"系列节目，每逢国家法定节日、农历二十四节气推出一件文物，讲述节气、节日里的文物故事。2023年共推出馆藏精品文物节目10期；推出"遇见楚雄"之"文物楚雄"系列节目33期；充分利用我馆网站、微信公众号、抖音公众号等新媒体平台开展宣传、推介200余期。

（四）着眼未来，坚持守正创新，让智慧博物馆建设行稳致远

博物馆的数字化、智能化、网络化是我国智慧博物馆建设发展的必然趋势，博物馆自身的文化交流、展示功能的充分发挥是智慧化博物馆发展的前提和基础，"博物馆热"为新时代智慧化博物馆建设创造了良好的发展环境，沉浸媒介技术的助力、受众多样化的传播需求为博物馆数字化发展注入新的动力。要利用多元化的手段，打破古今界限，揭示文物蕴含的隐藏信息，给大众带来跨越时空的情感体验，让人们的生活与文物及博物馆展览活动紧密联系起来，在提升博物馆文博活动趣味性的同时，保证文化的深度、广度和厚度，使博物馆的文物保护和传承工作走向年轻化，从而唤醒大众的文物保护意识和文明守护意识。

文物的价值不仅体现在文物的物质价值上，其中蕴含的深厚的人文精神价值也不可忽视。新时代博物馆建设发展，管理工作重心应该由文物保护的"物化本体"转向文物传承的"人文精神"。不仅要重视文物的本体保护，更要重视文物的活化利用和文物背后人文精神的传承发展。通过不断创新文物保护和传承的理念，发挥文物活化利用的价值，为新时期文物保护和传承探索一条新的发展道路。

"以小见大"：专题博物馆策展研究
——以南京城墙为例

南京城墙保护管理中心、南京城墙研究会　杨欢　馆员

一、专题博物馆策展工作现状与挑战

专题博物馆是在特定领域之内，围绕某单一题材展开有针对性的保护、研究、展示与利用工作的博物馆。张晓云女士在《旧题新谈：专题博物馆的建设与发展》一文中提出了自己对专题博物馆概念的理解，认为"专题博物馆，即指利用表达特定或单一主题的藏品，围绕该主题开展有针对性的保护、研究、展示、教育等业务活动，为社会及社会发展提供公共文化服务的博物馆"。[1] 随着社会文化、科学技术的发展，我国博物馆的种类越来越多，专题博物馆数量也随之攀升，南京城墙博物馆、中国科举博物馆、中国丝绸博物馆、北京石刻艺术博物馆等专题博物馆遍地开花。但是该类博物馆展品数量不足、类型单一、形制大小相似等问题，往往给博物馆策展工作增加了难度，缺乏展品叙事性、展览多样性，难以全面揭示文物背后所涵盖的历史文化全貌，难以让观众在参观基础之上拓展视野，获取深层次的认识，产生思考与共鸣。

如今，博物馆的功能已不再局限于收藏、研究、展示文物，观众的参

---

[1] 张晓云.旧题新谈:专题博物馆的建设与发展[N].中国文物报,2020-05-05(6).

观体验越来越受到重视。博物馆可以是学习中心、交流中心,更是获取教育、感悟、思考与心灵沟通的场所,公众文化需求日趋多元化。陈列展览是传播文化、发挥社会教育作用的第一道窗口,也是最直接的传播形式,在专题博物馆的建设与发展中起到举足轻重的作用。本文以南京城墙博物馆"旷世城垣——南京城墙历史文化陈列"展(以下简称"旷世城垣"展)(见图1)为例,提出突破展览题材限制,将"城墙"主题"放大",对文物信息进行解构,并以多元化视角充分阐释文物背后的历史文化信息与价值内涵,形成观众心理上的文化认同与情感共鸣,这是专题博物馆策展工作的创新路径之一,具有重要实践意义。

图1 "旷世城垣——南京城墙历史文化陈列"展厅入口处

二、南京城墙博物馆策展实例

南京城墙博物馆作为展示南京城墙历史和文化的城墙类专题博物馆,最大、最重要的文物,不在展厅内,而是环绕城市的明城墙本身。如何在有限的空间内展示位于空间之外的"不可移动文物",是策展之初面临的最大挑战。同时,囿于馆藏文物稀少、展示内容不足、展览形式单一,以什么样的语境和逻辑顺序展开叙述是亟须解决的问题。随着策展工作的不断深入,展览尝试从不同角度、不同语境对南京城墙进行展示。

"旷世城垣"展立足于南京城墙作为世界级文化遗产的定位,结合建筑技术、人地关系、军事防御等遗产价值，分为五个展览单元全面阐释了南京城墙的营建背景、选址思想、营建技艺、防御功能、遗产传承。第一单元"天地融合 大明之都"以宏观的叙事方式展示了历代城墙遗址之间的关系与演变，同时从自然地理的角度介绍了南京城墙顺应山川地势的设计规划思想。第二单元"一砖一石 众志成城"从城墙本体出发，重点以考古发现的视角，探析城墙的一砖一石，并展示城砖的烧制、城墙的筑造全过程。通过700多块的城砖阵列（见图2），为观众带来一场城砖视觉盛宴。第三单元"四重城垣 皇都威仪"在明代南京城墙的形制基础上，着重从文化遗产角度展示南京城墙的规模和格局，体现它作为文明见证的独特魅力。同时，运用沉浸式影院、动态投影、数字沙盘等科技手段，形成观众与展览之间的充分互动。第四单元"战火洗礼 城垣沧桑"选取南京城墙经历的四大历史战役，重点以历史实例、相关文物向观众展示城墙军事防御功能的发挥与利用。第五单元"山水城林 遗产传承"着重从文化遗产和文物保护的角度，展现近代以来城墙作为文化遗产的功能转换，以及城墙在当代的保护和利用。五个单元既相互独立也相互联系，全面且深入地阐释了南京城墙从营建背景、选址理念、营建技艺、防御功能到遗产传承的各方面内容。

图2 城砖阵列展厅实景

三、"以小见大"之信息解构：展览内容扩充

（一）以"物"为核心，关联展品信息

历史类博物馆展览叙事方式通常以"物"为核心，以展示"物"的物质形态、起源与发展为主要内容。专题博物馆因展品数量与类别上的限制，仅靠以上展示方法难以支撑起整个展览。此时，对于单一展品的信息关联显得十分重要。对于单一展品的信息关联，可以在一定程度上丰富展品信息，扩充展览内容，充分体现单一展品的内在逻辑关系，不同展品之间的联系与区别有利于观众更好地理解展览的主要内容。以南京城墙为例，"一块城砖"作为单一展品时，观众只能够了解其保护现状、年代、尺寸信息，展品信息量少且不具吸引力。而通过关联展品信息的方法，"一块城砖"可以扩充为"城砖烧造""城砖铭文""城砖运输"等多个类别的信息。其中，"城砖烧造"又可以解构为"城砖烧造流程""城砖烧造产地""城砖烧造人员"等小专题。对于不同年代、不同产地的城砖，可以探讨其内在联系与发展关系等。将这些与城砖相关的信息作为补充解读和辅助展示，极大程度地丰富了展示内容，能够弥补专题博物馆展示内容单一与不足的弊端。

（二）还原文物环境，形成情境展示

专题博物馆策展工作不仅需要以"物"为核心，通过"以物证史"的解读方法深度剖析文物所蕴含的各种物质文化、阐释文物背后所蕴含的历史文化信息，也应该加强对文物情境的关注，着重还原文物所处的原生环境，形成文物的情境展示。"情境展示需要构造特定的考古环境，更强调遗物、遗迹单元的整体性与关联性，为观众提供一个相对完整的信息链条。"❶

---

❶ 李林.解构与重建：历史类博物馆展陈中考古文物信息的跨学科解读[J].东南文化,2021(1):161-167.

例如，金华市博物馆"无穷·镜——古代铜镜中的微观世界"展览将方镜和带柄镜作为典型展品，与同一墓葬中出土的其他文物组团展示，引起了观众对古代士人和女子使用铜镜的场合这一问题的思考。❶ 南京城墙博物馆"旷世城垣"展厅内有一座大型"馒头窑"，这座"馒头窑"由江西黎川易地保护搬迁而来，策展人员着重对该窑进行了情境展示。首先，策展人员从该窑的结构与发现环境展开介绍，辅助展示了该窑的尺寸大小、结构信息，窑前方陈列有两块该窑出土的砖坯及一同在窑址现场发现的"洪武通宝""铁叉"等文物，将同一窑址内发现的文物进行组合展示（见图3），引发观众对窑址烧造场景的想象与思考。其次，窑的侧面陈列着江西黎川砖窑遗址的考察纪录片，让观众深入了解窑址发现的全过程；最后，策展人员在该窑的背后设置了一幅巨型手绘油画，力图对江西黎川砖窑及窑址进行情境再现，还原了江西黎川砖窑遗址的宏大场面。文物的情境还原与展示，不仅扩充了展示内容，增加了文物的"可读性"，也为观众提供了一个完整的文物信息链条，便于观众深入了解文物信息和展示内容。

图3　江西黎川砖窑展示

❶　徐进,王晨辰.单一类器物展览的多学科策展路径研究——以"无穷·镜——古代铜镜中的微观世界"展览为例[J].博物院,2022(3):96-102.

(三) 紧扣展览主题，延展展览内容

专题博物馆的展览策划需要紧扣展览主题，扩大展览视野，多方面延展展览内容，做到"以小见大"。以南京城墙为例，除了利用综合陈列展示南京城墙的建设背景与概况外，还从选址思想、营建技艺、军事防御、文化遗产等多种角度，综合反映南京城墙丰富的文化遗产价值。如南京城墙的城砖烧制工艺、墙体砌筑技术都展现了中国古代城墙建造技术的最高水准，堪称中国古代筑城技术的集大成之作，与城砖烧造、城墙搭建相关的原材料、工具、成品等都可作为重要的展示内容。南京城墙博物馆"旷世城垣"展第二单元设置了"多样建材"板块，选取木材、夹浆、石料等城墙建造的材料作为展品和展示内容，充分展示了南京城墙建造技艺的高超。此外，南京城墙规模宏大，具有完善的军事防御体系，在冷兵器时代，城墙作为城市的第一道防线发挥了至关重要的作用。而这些与城墙军事防御密切相关的历史战役、守备、兵器等都可作为重要的展示内容，不仅延展了展览内容，也在一定程度上充实了展品数量，解决了专题博物馆展品数量少、类别单一的问题。

四、"以小见大"之多层次解读：多元化展览视角

(一) 基于文化遗产视角：阐释遗产价值

文化遗产是悠久历史文化的重要载体，博物馆不仅是收藏、保护、研究文化遗产的场所，更有着展示和传承文化遗产的使命与责任。当下，各大博物馆更多地关注博物馆在文化遗产保护中的地位与作用，却忽视了对文化遗产阐释方法的探讨。文化遗产蕴含着丰富的历史文化信息，区别于普通阐述性展览，遗产主题展览不仅需要对展览内容进行全面叙述，还需要通过提炼主题，对遗产内容进行深层次的价值阐释，让观众对文化遗产有更深层次的理解与认知，也呼吁更多观众参与到文化遗产的保护与传承中去。

南京城墙博物馆是中国规模最大的城墙专题博物馆，也是以南京为牵头城市的"中国明清城墙"联合申报世界文化遗产的展示平台。基本陈列"旷世城垣——南京城墙历史文化陈列"全面阐释了南京城墙的历史文化与多元遗产价值，从狭义的南京城墙扩展到明代南京四重城垣体系，扩展到城墙与城市的空间格局、城市规划和城市生活的结合，又上溯南京千年城史，下迄现代城墙保护修缮与遗产活化利用，展现了南京城墙在历史长河中功能和价值的不断转化。一方面强调了南京城墙是文明的见证、建筑技术的典范、人地关系的代表，是14世纪东亚城墙营建技术的最高峰，以及其为推动南京古都格局的形成、中国古代筑城技术的发展所产生的重要影响；另一方面，展览还强调了以南京城墙为主的"中国明清城墙"构成了带有中国古代城市礼制差序格局与内在逻辑关系的遗产体系，是优秀的世界文化遗产，实现了展览主题与内容的突破及创新。

（二）基于人文关怀视角：建立情感沟通

随着博物馆展示技术与手段的不断发展，博物馆观众越来越重视个人参观体验，观众在博物馆展览中的"被动"地位逐渐向"主动"转变。专题博物馆可以基于人文关怀的视角，充分挖掘文物背后与"人"相关的历史信息，形成"透物见人"的展览思路，丰富专题博物馆的展示内涵，实现展示思路的创新。尝试建立起展览与观众之间的情感互动关系，选取非物质文化遗产、民俗文化等能够唤起观众真实情感的展示内容。同时，利用图像、艺术装置、多媒体、数字化互动设备等，形成观众与文物、展示内容、展览之间的对话，让观众在参观之余产生一定思考与感悟。

南京城墙不仅是明代以来宝贵物质文化遗产的记录者，同时也是近现代化城市进程的有力见证，是城市生活和记忆的重要组成部分，与"人"有着密不可分的关系。一方面，它伴随着城市的繁荣发展，见证着历史文化的变迁。另一方面，城墙本身及其衍生出的文化也已经深深烙印在人们的心中，承载着独特的历史文化记忆。"旷世城垣"展览的策展过程中充分考虑了这部分内容,着重呈现南京城墙背后鲜活的个人。南京城墙利用本馆"南京城墙记忆口述史"项目成果,在展览结尾设置"我们的城墙"多媒体互动大屏(见图4),展现了100位拥有南京城墙记忆个人的"城墙记忆",实现由"物"的展览回归人的记忆,建立了观众与展览之间的情感沟通。同时,在展览结尾处设置"说城"观众录制亭,鼓励观众在博物馆留下自己与城墙的记忆,让观众在参观过程中化被动为主动,产生"我与城墙"关系的深刻思考,建立起情感沟通的桥梁。此外,展览将历代以来有关城墙的诗词、歌谣、绘画、习俗等都作为展示"城墙与人"和谐关系的一部分,以文字、图片、音乐、动画等不同的形式呈现给观众。

图4 "我们的城墙"多媒体互动大屏

(三)基于文物保护视角:讲好文保故事

近年来,文物保护事业蓬勃发展,涌现出一批优秀的文物保护类展览。国家文物局主办的"古道新知——丝绸之路文化遗产保护科技成果展"和"万年永宝——中国馆藏文物保护成果展"是优秀文物保护类展览的代表,以崭新的视角拓展了展览的策展形式,扩充了展览的策划主题。专题博物馆可以尝试以本馆藏品为研究基础,在文物物质形态、物质文化解读的基础之上,从文物保护技艺、方式的角度出发,科学严谨地展示文物保护历程、文物保护成果等,向观众讲述文物保护背后的故事。

基于文物保护视角的博物馆展览策划具体可表现为两个方面：一方面，可以通过文物保护实际案例，反映本馆文物保护方面的成果，既扩展了展览的展示方式，也拓宽了观众对博物馆文物保护的认知。例如，"旷世城垣"展第五单元设置"城墙保护"板块，选取"颗粒归仓 守护城墙"城砖回收活动这一小切口作为展示内容，集中对回收缘起、回收过程、回收成果等进行释读，展示南京城墙文化保护与活化利用的创新模式，讲好文化遗产保护的故事。另一方面，可以对文物背后所蕴含的文物保护故事和精神进行深度挖掘，以讲故事的形式吸引观众对展览的兴趣。如20世纪五六十年代，南京城墙拆除风波掀起，在此期间涌现出一批如朱偰、金琦等城墙守护者，他们用自己的方式在南京城墙史上留下了浓墨重彩的一笔。城墙保护、修缮的历史也通过老照片、书信材料等形式被记录了下来，成为了展示南京城墙保护修缮历史的宝贵研究和展示资料。"旷世城垣"展将这部分内容转化为故事性语言，以讲故事的形式引发观众在情感上的共鸣，达到了展览的预期效果，实现了展览内容的创新。

五、结语

专题博物馆是我国博物馆体系的重要组成部分，专题博物馆主题突出，但藏品数量不足、种类单一的情况，往往给博物馆策展工作增加了难度。南京城墙博物馆"旷世城垣——南京城墙历史文化陈列"展，克服短板，尝试打开策展思路，突破展览现有题材的限制，将"城墙"主题"放大"，对文物信息进行解构，并以多元化视角充分阐释了南京城墙的历史与文化内涵，极大丰富了展览内容，形成了观众心理上的文化认同与情感共鸣，有助于博物馆展览的文化传播。专题博物馆策展工作中，可以尝试将单一主题进行放大处理，对展品做关联信息的解读，尝试做文物的情境展示，紧扣展览主题，尽可能延展展览内容。同时，也可以运用文化遗产、人文关怀、文物保护等多元视角打开策展思路，形成专题博物馆策展路径的突破与创新。

博物馆当代书画临时展览微创新刍议
——以"勠力前行——正立社首届水彩作品展"为例

南宁市博物馆　卢敏生　副研究馆员

南宁市博物馆　廖小龙　馆员

第26届国际博物馆协会大会于2022年8月20日在捷克共和国首都布拉格召开。大会通过了新的博物馆定义:"博物馆是为社会服务的非营利性常设机构,它研究、收藏、保护、阐释和展示物质与非物质遗产。向公众开放,具有可及性和包容性,促进多样性和可持续性。博物馆以符合道德且专业的方式进行运营和交流,并在社区的参与下,为教育、欣赏、深思和知识共享提供多种体验。"其中,展览是博物馆最重要的职能之一。所谓展示,通俗地说就是展览,包括常设展览和临时展览。在博物馆的临时展览体系中,艺术品展览占有较大的比重,而其中当代书画作品无疑又是最吸引社会大众的展览内容之一。如何守正创新,通过小微创新,让当代书画临时展览活起来,让文化艺术实实在在普惠人民大众,需要每一个博物馆策展人认真思考并以实践做出自己的回答。

2023年8月15日,南宁市博物馆与广西美术家协会、广西水彩画家协会、广西正立社艺术有限公司成功联合举办"勠力前行——正立社首届水彩作品展",展览展示广西水彩画社团正立社33位画家共105幅水彩画作品,吸引美术界、水彩画艺术爱好者及广大市民纷纷前来参观,社会反响热烈,群众赞誉有加。在此对展览过程回忆、追溯,盘点得失,不失为一次总结工作经验教训的良好机会，亦可为志同道合的当代书画艺术策展人抛砖引玉，以期共同进步。

一、当代书画展是博物馆展览的重要内容

博物馆临时展览，从其内容上看，主要包括文物展、当代艺术品展、特定主题物件展、图片摄影展等。当代艺术品展又包括雕塑展、工艺品展、书画展等。对于综合性的地方博物馆而言，完备的临时展览体系既要展示古代、近现代历史文化，又要反映、宣传当代艺术、当代人文等方面的内容。当代书画展示当代书画家创作风貌、反映现实生活题材和当下时代精神，无疑是博物馆临时展览体系里的重要内容。

当代书画是中华优秀传统文化的一脉相承和文化赓续。同样是展览，当代书画展和古代书画展、近现代书画展的关系，既有联系，又有区别，既有共性，又有个性。其共性也就是相同点体现在，两者都遵循书画艺术展览的一般（宏观）规律，都是特定主题下的内容组合与呈现、诠释。其个性也就是不同点主要体现在古、今年代的不同，以及由此派生出来的内容的时代差异性，书画艺术技法的传承、创新性，艺术现象背后隐藏的政治、经济、文化等；此外，不同点还体现在书画展品性质的不同：相对于当代书画单一纯粹的艺术品属性，古代书画及近现代书画在书画艺术品的属性上，还多了一层文物的属性，这种有机文物的属性对展览环境及其保护提出更为苛刻的要求：文物书画展览需要满足光线、照明、展柜温湿度等特定专业条件，展览时间也有严格的规定，一般不得超出三个月。相对而言，无论在展览环境的软硬件条件上，还是在展览举办时间的期限上，缺少文物属性的当代书画展览则不受到这么多的约束和限制。

当代书画展的根本特点之一是其时代性。当代书画展主要展示当代书画家的艺术作品，是现实生活题材的折射，是弘扬时代主旋律的载体。2023年6月2日，习近平在文化传承发展座谈会上指出，中华文明具有突出的延

续性;强调要更好担负起新的文化使命。在现实工作中,博物馆的展览体系、展示古今中外优秀文化,既传承传统文化,又参与叙述、构建当代艺术,让文物活起来,让当代艺术展览活起来,正是博物馆的文化自觉和主动担当,宣传、弘扬优秀文化、人类文明成果的实践,以实际行动努力建设中华民族现代文明。因为与时俱进,具有鲜明的时代性,当代书画展越来越受到博物馆及其观众的青睐。

二、微创新在博物馆当代书画临时展览中的运用

(一) 关于创新的概念认知

创新,顾名思义,就是在一定的历史时期和条件下,创造出新的东西。现在人们常常说守正创新,守正指的是守住原则底线和遵循事物一般发展规律,在此基础上,通过创造、运用新的东西(包括新的工具、新的生产流程、新的规章制度等),达到更高效率完成某项事务或者工作任务的目的。创新可以分为颠覆式创新和小微创新。例如,在人类历史上,蒸汽机的发明运用,火车取代马车,可看作生产领域或交通领域的颠覆式创新。小微创新则浸透日常生产、生活的方方面面,比比皆是。从矛盾论的观点看,颠覆式创新属于事物的质变范畴,微创新属于事物的量变范畴,量变积累导致质变,质变又在更高一级发展阶段引发更多量变,两者是对立统一的辩证关系。

微创新来源于生产、生活,又服务于生产、生活。展览微创新也是如此,它并非什么高深莫测的概念和学问。无论是展览策展人,还是展览的观众,只要稍加注意就会发现,在博物馆实际的陈列展览中,许多创新的方法和手段,并非人们从未见过的陌生的新生事物入手,而是从人们耳熟能详的日常事物入手。任何创新的东西都不是从天而降,而是从无到有,有着自身发展的渐变历史的。以书画展览为例,展览从展品的裸展始,到放置展柜,增加灯光投射,温湿度环境控制,声光电手段辅助展示,场景复原等,均可视为陈列展览创新发展的简单历程。

当代书画临时展览微创新重视实操，讲求效果，是知行合一高度统一的实践活动。探讨当代书画临时展览的微创新，就不得不结合具体的实际案例来剖析。

(二)"勠力前行——正立社首届水彩作品展"微创新案例剖析

南宁市博物馆举办"勠力前行——正立社首届水彩作品展"，和以往的书画展览对比，大同小异，这是艺术品展览宏观共性所决定的。但同时该展览又具有细微的差别和独特个性，在展出对象、艺术风格等方面独树一帜。展览顺利开幕并取得圆满成功，得益于展览策展团队根据具体情况具体分析，从策划到布展、现场布展、征集藏品等，进行了一系列别出心裁的有效微创新，主要体现在以下三个方面：

1. 展示对象选择上的创新

南宁市博物馆和正立社联合举办"勠力前行——正立社首届水彩作品展"，选择展示对象的创造性体现在正立社具备三个特性：一是师徒传承性，正立社由广西水彩画泰斗蒋振立先生组织发起成立，其与社员之间师徒传承关系清晰明了，拜师学艺，薪火相传，是中国传统文化传承关系的秉性所在；二是成员广泛性，正立社目前人数虽然不多，只有31人，但成员来自五湖四海，涵括京津、河南、陕西、新疆、东北地区等，再加上广西少数民族地区的社员，呈现出中华文化的巨大差异性和丰富多样性，整体艺术风格上百花齐放，共同铸牢中华民族共同体意识；三是持续发展性，正立社秉承"正品立德，传承创新"的办社宗旨，理想愿景宏伟，艺术追求崇高，成员之间团结奋斗，团队长期稳定，在艺术道路上具备持续发展性，成长为广西乃至全国社会文化现象的可塑性、可能性极大，值得博物馆长期关注、跟踪。

2. 展陈形式上的微创新

此次展览，是在一个椭圆形的空间里，面积约600平方米，展览动线约160米（见图1）。

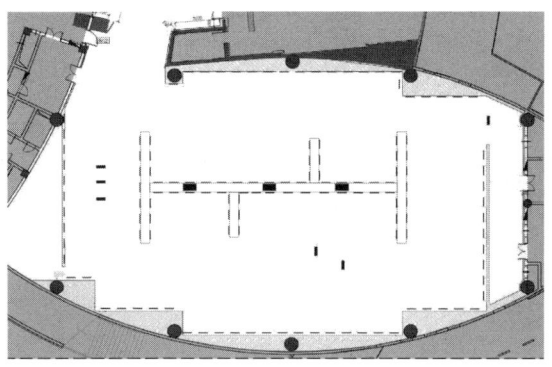

图 1　展览平面图

此次展陈形式上的微创新主要体现在三个方面：一是移动展墙造型形式的创新。在居中的主展墙上间隔嵌入三块结构、色调、材质、造型不同的展架，制造出灵动变化的展墙背景，三处嵌入式展架展示重点水彩画作品，既有变化丰富的存在感，又和谐融合而不喧宾夺主（见图2）。

图 2　移动展墙造型形式创新

二是在展厅里设置了三组艺术造型隔断。第一处隔断位于展览动线正迎面的空白墙上，起到填补视觉空白的点缀作用；第二组隔断在展览动线的中点附近，以左右错落的形式摆放，起到制造悬念、增加神秘感，以及中国传统屏风式的伏笔作用，还可以延缓展览参观的节奏。第三组隔断接近展览尾声，在展览结尾处起到承前和截止作用，且丰富了该展区的视觉基调。三组艺术造型隔断均借鉴了装置艺术形式，辅以直射光源后，在特定角度形成画面重叠的视觉效果，为展陈空间内增添了当代艺术氛围，使展览整体内容、格调高雅统一，烘托出展览主题气氛（见图3）。

图3　三组隔断创新

展陈形式的另外一个微创新之处在于，和以往书画展览相比，更注重对展线的设计把控和整体水彩艺术语境的营造渲染。通过水彩画展品之间较为宽松的间隔距离，配合展厅的底层色调和内敛聚焦的投射灯光，展览节奏舒缓，展品的大小、风格、色调之间过渡自然从容，张弛有度，内容和形式高度统一和谐，营造出一种静谧、安详、舒适的观展环境和艺术氛围（见图4）。

图4　展厅氛围

3. 展品收藏上的微创新

通过举办当代书画临时展览征集藏品，丰富馆藏，是南宁市博物馆为了克服征集经费不足、征集渠道少的困难，积极探索展览与收藏两大业务融合发展、实现文博事业高质量发展的有效途径。此次展览，收藏 31 位画家的水彩画作品，共 31 幅，既有广泛性，又有代表性，极大地丰富了南宁市博物馆水彩画艺术品馆藏。31 位画家以慷慨无私的无偿捐赠形式，诠释"书画艺术品的最好归宿是博物馆"的收藏理念，也使展览在艺术盛宴、文化惠民的现实作用之外，传递出极大的社会正能量，具有浓郁的社会公益性与慈善意义。

值得一提的是，本次联合展览，以首届水彩作品展命名，秉持一种可持续发展的理念，意味着南宁市博物馆将和艺术社团在艺术道路上携手勤力前行，持续举办展览。路漫漫其修远兮，正立社的画家们将继续用他们手中的画笔描绘世界、描绘生活，努力提高自己的艺术修养，创造出更多、更优秀的作品回报社会；而南宁市博物馆则将一如既往地关心、支持当代书画艺术的发展，发挥文化平台窗口作用，通过持续关注跟踪，展示、研究、收藏优秀的当代书画艺术作品，讲好中国故事，树立文化自信，推动广西美术事业向前发展。

三、当代书画临时展览微创新运用需要把握的一些原则

通过"勤力前行——正立社首届水彩作品展"，结合以往工作经验，策展团队对当代书画临时展览中微创新的运用有了一些粗略认知，大致归纳为：要避免过犹不及；要密切结合实际；要紧密服务主题。

运用微创新要避免过犹不及。在实际的当代书画临时展览工作中，展览工作人员要做到具体情况具体分析，不能为了创新而创新。画蛇添足的故事流传百千年，无非告诫人们，不要做多余的工作。在做当代书画展览的时候，要努力做到突出重点、凸显亮点，要锦上添花，而不是狗尾续貂。现实生活中，一些陈列展览公司受利益驱动，打着创新的旗号，千方百计添加增项，把一些不必要的展示工具和方法、手段（如声光电设备及其应用）生搬硬套地加入陈列展览项目中，以实现企业利润最大化。对此，博

物馆策展人一定要有清醒的认识，在组织、参与展览项目的过程中，守住廉洁底线，坚持职业操守，秉承科学态度，不做多余的所谓创新工作，杜绝展览道具、展示手段、方式方法上不合理的运用。

运用微创新要密切结合实际。结合实际情况开展工作，是博物馆策展人做好当代书画临时展览的基本原则。在当代书画临时展览工作中，一定要密切联系实际、紧密结合现实来开展工作，这个实际包括项目的资金制约、展览可用展品的到位情况、适宜运用和利用的道具、针对性的展厅空间调整等。在"勠力前行——正立社首届水彩作品展"中，展览工作小组灵活运用了艺术造型展架嵌入展墙，这是巧妙利用原有道具设备、赋予新展览生动表现力的成功案例。该造型设备是 2020 年"一瞻·一礼——青海多杰旦民族职业技术学校旧勉唐派唐卡作品展"的专用展架，撤展后一直废弃闲置，被设计人员废物利用，化废为宝，独具匠心地嵌入主展墙，在形式、色调、空间上赋予展览灵动变化，达到事半功倍的效果。

运用微创新要紧密围绕主题。任何一个当代书画艺术展览，都会有一个相对固定的浓缩的主题。在这特定主题的规定下，书画展品的甄选、组合，道具、设备的选择、使用，展览展示方法、手段的灵活运用，都应该以展览主题为指引。以"勠力前行——正立社首届水彩作品展"为例，展标是展览主题及内容的高度概括体现，因此展标的设计及其运用就显得尤为重要，在工作人员的设计下，展标具有强烈的色彩感，层次丰富灵动变化，突出了水彩画的特性和属性，同时，展标在展览开幕式的桁架背景、展厅入口及三处艺术造型隔断上的多次运用，既丰富了现场水彩画展览元素，又通过重复出现引起的心理暗示巧妙强化了展览主题，对展览起到了很好的烘托服务作用。

最后需要强调的是，任何一个成功的当代书画展览，都离不开策展人的智慧和辛勤劳动。在陈列布展资金有限、展览场地条件固定、道具设备有限、展览开幕时间紧张的情况下，展览团队能不能发挥主观能动性，是不是全力以赴投入，决定一个展览的质量。"勠力前行——正立社首届水彩作品展"从策划到实施到最后开展历经 5 个月，在此过程中展览联合举办各方精诚团结，全心全意投入工作，保证了一个精彩展览的面世。

四、结论

总之，博物馆要充分发挥宣传教育的基本职能，陈列展览是其中最重要和最根本的一种方法。在博物馆的基本业务里，收藏、研究、保护、展示等业务绝不是割裂开来，而是成为一个整体互相促进共同发展进步的。微创新在博物馆业务里无处不在。从"勠力前行——正立社首届水彩作品展"的微创新来看，南宁市博物馆做出了一些大胆的有益尝试，收获了一些经验，看到了一些不足，留下了一些遗憾。最大的不足和遗憾是展览的配套画册没能在展览开幕式当天同步发行。这也提醒我们在今后的当代书画艺术品策展工作中，时间统筹安排上要更精密谋划，具体任务落实上要更精准到位。积跬步而至千里，积小流以成江海。通过微创新在当代书画临时展览中的科学运用和不懈追求，集腋成裘，终有一天，博物馆陈列展览整体水平会产生质的飞跃，以更多更优秀的当代书画临时展览奉献观众，回报社会。让我们拭目以待。

广西古代铜鼓文化数字化陈列策展实践与思考

广西壮族自治区博物馆　李欣妍　副研究馆员

2022年11月28日，广西壮族自治区博物馆（以下简称广西博物馆）新馆落成并正式开放。2023年12月30日，从策划到实施历时近三年的广西古代铜鼓文化数字化陈列在广西博物馆三楼11号展厅正式开展，展出面积约902平方米。广西古代铜鼓文化数字化陈列创新运用数字展览形式，旨在再现古代广西铜鼓的千年辉煌与深远影响，全面复原展示广西古代铜鼓的历史、特点、类型、分布、铸造工艺、用途、装饰艺术等整体文化面貌，从而突出广西作为"铜鼓之乡""铜鼓大本营"的独特地位和文化优势。该展览在设计理念、展陈形式、信息传递、观展体验等方面都有一定的创新，可为后续的铜鼓专题陈列提供借鉴和参考。现从策展角度对广西古代铜鼓文化数字化陈列进行回顾，在展览的缘起、思路及架构、内容阐释、亮点呈现、思考等方面进行总结。

一、展览缘起

在中华文化多元一体的格局中，广西古代人民以兼收并蓄、开拓创新的品格，创造了光辉灿烂的广西古代铜鼓文化。广西古代铜鼓是广西历史特色、历史风格、历史气派最集中、最直观的载体，是广西具有世界影响力的历史

文化现象,是建设壮美广西、共圆复兴梦想不竭的精神与文化源泉。❶

广西作为铜鼓藏量丰富的省区,一直以来都将铜鼓专题陈列作为重要展览。❷ 广西博物馆关于铜鼓专题文化的展览实践始于20世纪60年代,1963年举办的"古代铜鼓展览"❸ 即为明证。后来铜鼓题材展览经历多次改造提升,其展示内容和形式得到不断提升发展,比如1978年在新落成的大楼里举办了"广西古代铜鼓陈列"展;1998年改造提升"古代铜鼓陈列"展;2001年广西博物馆与云南省博物馆、贵州省博物馆在国家博物馆联合举办"声震神州——滇桂黔铜鼓大观"展览。❹ 后因大部分馆藏铜鼓被调拨到广西民族博物馆,广西博物馆停下了铜鼓专题陈列实践的探索脚步。

纵观国内外展览,铜鼓一般被用作展览某个部分或某一单元的展示内容,常以单一或成组文物的形式出现。以铜鼓为主题的陈列较为少见,目前人们熟知的有广西民族博物馆的"穿越时空的鼓声——铜鼓文化陈列"、文山州博物馆"铜鼓故事"基本陈列、湛江市博物馆"馆藏古代铜鼓陈列"等几个实体展览。它们主要沿用传统的实物策展方法,以物叙事,以物证史,当然也有个别展览配备了数字展项,以活化利用铜鼓文物。在数字中国建设快速发展的当下,为满足公众日益增长的个性化、沉浸式体验需求,广西博物馆决定重启以铜鼓为主题的展览探索之旅,特别打造数字化专题陈列,与以往的铜鼓题材实体展览有所区别。

铜鼓主题数字化陈列以弘扬和传承广西历史文化为出发点,立足馆藏,

---

❶ 黄春,李欣妍.广西壮族自治区博物馆新馆开放一周年推出四大新展[N].中国文物报,2023-12-15(8).

❷ 黄诗莉.探索单一类型文物多元内涵的展示手段:基于广西民族博物馆"穿越时空的鼓声——铜鼓文化陈列"改陈的实践[J].中国博物馆,2023(6):69-73.

❸ 广西壮族自治区博物馆.岁月留痕:广西壮族自治区博物馆建馆80周年[M].南宁:广西教育出版社,2017:39.

❹ 黄诗莉.探索单一类型文物多元内涵的展示手段:基于广西民族博物馆"穿越时空的鼓声——铜鼓文化陈列"改陈的实践[J].中国博物馆,2023(6):40.

以最新的学术研究成果为支撑，注重科学性与艺术性的统一，努力打造一个融铜鼓历史文化、铜鼓铸造、铜鼓使用功能、铜鼓形制、铜鼓之王、最美铜鼓、铜鼓装饰艺术、铜鼓内涵美等诸多信息于一体的多重沉浸式文化体验空间。展览逻辑关系明确，脉络清晰，不仅讲述铜鼓文物本身，还做到透物见人，以物说史，让铜鼓文化活起来。

二、展览框架与阐释

广西博物馆长期致力于广西历史文化遗产的收藏、保护和研究，铜鼓文化研究因而成为该馆研究的特色，成果丰硕。在此基础上举办的广西古代铜鼓文化数字化陈列，主要由线下数字体验馆、线上知识图谱平台两大部分组成。线下数字体验馆是国内外第一个以古代铜鼓文化为专题的数字场馆；线上知识图谱平台以专题知识库为基础，集展品图库、学术研究等版块于一身，旨在提供一个面向国际的最完整的广西古代铜鼓文化的协同创新平台。

（一）展览标题

标题是展览的点睛之笔，是对展览内容的高度凝练概括，也是吸引观众目光、激发观众兴趣的关键。❶ 广西古代铜鼓文化数字化陈列以历史为经，以空间为纬，通过数字技术，将广西古代铜鼓文化的历史脉络和发展全貌更加具象地呈现给广大观众，传递给年轻一代。从公元前5世纪的战国时期算起，到公元19世纪的清代末叶，广西铸造和使用铜鼓的历史已长达两千多年。两千多年的铜鼓流传历史，说明广西存在一个流行年代较早、持续时间相当长的青铜文化时代。两汉之际，广西先民融合早期铜鼓的特点，创制了器形高大、装饰艺术丰富多彩的桂系铜鼓，即冷水冲型铜鼓、

---

❶ 周墨兰.博物馆陈列展览的创意化表达——基于"无锁不谈：两岸合作交流巡回展"的思考[J].自然博物，2020,5(00):89-95.

北流型铜鼓、灵山型铜鼓。桂系铜鼓生动地诠释着广西在古代铜鼓发展历程中所起到的作用，即在地理上融合东西，在时间上承前启后，在传承创新中发扬光大。桂系铜鼓于唐宋以后演变成西盟型、遵义型、麻江型铜鼓，广泛分布于中国南方和东南亚地区，并流传至今。代代相传、生生不息、古老而又充满活力的铜鼓讲述了广西先民与西南各族交往、交流、交融的历史故事，实证了中华民族多元一体的发展演变格局。

基于以上认识，策展团队立足广西，放眼世界，致力于"三个打造"——打造一个展现广西历史特色、历史风格、历史气派的展览；打造一个服务大局，维护国家文化安全，铸牢中华民族共同体意识的展览；打造一个讲好广西故事，树立广西文化品牌，增强文化自信的展览。因此，策展团队将展览标题定为"鼓动八桂　声震九州——广西古代铜鼓文化数字化陈列"。主副标题相结合的做法，完整、清晰地点明展览主题。主标题将策展观点加以提炼升华，对仗工整的短句站位高，引人注目。副标题重在纪实，点明展览内容和形式。

（二）线下数字体验馆

线下数字体验馆，又称线下数字化沉浸式交互体验馆，分为"铜鼓之乡""铸铜为鼓""铜鼓之用""壮美铜鼓"四个主题展区，旨在通过先进的数字技术，全面复原展示广西古代铜鼓文化的整体面貌。[1]

第一展区是以"铜鼓之乡"为主题的"广西古代铜鼓历史文化展示空间"（见图1），生动完整地呈现广西古代铜鼓历史悠久、延续时间长、与人关系密切，以及数量最多、类型最全、器型最大的特点，突显广西是古代铜鼓历史文献最丰富、铜鼓收藏历史悠久、使用民族众多、分布面最广的最重要地区这一历史地位，加深观众对广西在我国古代铜鼓发展史上所起

---

[1] 黄春,李欣妍.广西壮族自治区博物馆新馆开放一周年推出四大新展[N].中国文物报,2023-12-15(8).

到的融合东西、承前启后、发扬光大的重要作用的直观性认识。

图 1 "铜鼓之乡"展区

第二展区是以"铸铜为鼓"为主题的"广西古代铜鼓铸造体验空间"（见图2），以当时的技术背景为基础，构建铜矿的开采、冶炼、铸造的历史场景，展示广西古代铜鼓从制模到浇注成型的铸造全过程，体现了铜鼓铸造的工艺与科学价值。

图 2 "铸铜为鼓"展区

第三展区是以"铜鼓之用"为主题的"广西古代铜鼓使用功能体验空间"（见图3），以当时的技术背景、社会背景及生产关系为基础，构建一个铜鼓在广西如何使用的场景，表现铜鼓社会功能由简单到复杂的演变过程，以此演绎铜鼓在广西得到长期使用、不断发展壮大的历史地位。

图 3　"铜鼓之用"展区

第四展区是以"壮美铜鼓"为主题的"广西古代铜鼓魅力体验空间"（见图 4），活化利用广西古代铜鼓的器型，以及鼓面、鼓胸、鼓身丰富的装饰艺术等元素，借助多种数字化手段，生动形象地展示广西古代铜鼓的广泛传播力和深远的影响力。

图 4　"壮美铜鼓"展区

（三）线上知识图谱平台

依托线下数字体验馆，广西古代铜鼓文化数字化陈列重点建设线上知识图谱平台。在线上知识图谱平台首页，居中放大显示的是展览标题，匀称环列标题周边的是六个主题单元、学术研究、文创展示、问卷调查、专题知识库、智能问答的快捷图标（见图 5）。线上知识图谱平台以专题知识库为基础，旨在打造面向东盟的国际协同创新平台，为扩大中华文化影响力贡献力量。

图 5　线上知识图谱平台首页

遵循从抽象到具象、从整体到个体、从铜鼓本身扩展到相关历史文化现象的认知逻辑顺序，线上知识图谱平台合理设置六个主题单元，涵盖铜鼓的用途、类型、分布、工艺、民俗、纹饰等知识内容，以清晰的线索串联起丰富的知识点，力求讲好广西古代铜鼓自身发展的历史，讲好广西与周边地区、中原地区以及东南亚国家长期交往、交流、交融的历史故事。❶第一个主题单元为"鼓动万象"，划分了炊爨贮藏、作为乐器、象征权力、象征财富、传信指挥、作为贡品、用于丧葬七个部分；第二个主题单元是"追根溯源"，划分了国内和国外两部分，国内部分按照中国古代铜鼓八分法将铜鼓又分为万家坝型、石寨山型、冷水冲型、北流型、灵山型、西盟型、遵义型、麻江型。国外部分按照黑格尔四分法将铜鼓分为黑格尔Ⅰ、Ⅱ、Ⅲ、Ⅳ型，另外还将种类繁多的印度尼西亚铜鼓分为4类10型，分别为纳伽拉Ⅰ、Ⅱ、Ⅲ、Ⅳ、Ⅴ、Ⅵ、Ⅶ、Ⅷ、Ⅸ、Ⅹ型；第三个主题单元是"寻踪觅迹"，主要展示八大类型铜鼓的出土位置，也可单独展示广西出土铜鼓的地理位置；第四个主题单元是"精炼细铸"，运用图文和动漫结合

---

❶ 黄春,李欣妍.广西壮族自治区博物馆新馆开放一周年推出四大新展[N].中国文物报,2023-12-15(8).

的形式，展示了合范法、失蜡法、沙模法的内容；第五个主题单元是"千古传风"，由民俗和传说两部分组成，民俗又可分为请鼓、藏鼓、用鼓三方面，传说又可分为来源、威力、人格化三方面；第六个主题单元是"锦上添花"，综合地展示了铜鼓鼓面、鼓身的平面及立体装饰艺术。

三、展览的亮点与特色

为做好全新形态的展览，广西博物馆不断探索、精心打磨，在传统展览叙事的基础上，分别从展示形式和内容深度两个方面对古代铜鼓文化进行强化，在形式上突破实物、展板静态陈列，综合应用多种数字化陈列形式，串联起展厅内外、线上线下，丰富观展体验；在内容深度上坚持学术先行，充分吸收和运用最新的考古发现和最前沿的学术成果，最大限度地丰富、拓展展览内容。

（一）数字化技术带来沉浸式观展体验

在展示与体验形式方面，线下数字体验馆利用先进的数字化技术构建一个逼真的虚拟世界或具有多种沉浸式互动体验的场景，由静态叙事形式发展为动态叙事形式，由单一的视觉体验形式发展为多感官体验形式，让观众在视觉、触觉、听觉等方面完全融入环境中，全方位沉浸在虚拟的氛围中，并能实时反馈自己接收到的信息，很好地实现观众与虚拟环境的互动。

基于知识库构建、大数据相关技术，线下数字体验馆采用沉浸式场景、全息投影、增强现实（AR）、虚拟现实（VR）、全景漫游、元宇宙、数字魔方屏、多人音画互动、互动魔屏、多点触控、舞台艺术、沉浸式互动投影等先进数字手段，实现内容不断更新迭代，突破空间和时间的藩篱，跨平台、多层次、多角度展示广西古代铜鼓历史文化，通过可感知、智能化、沉浸式的展陈技术，增加观展的趣味性，给观众带来震撼的体验，打造旅

游的爆点和网红打卡地,成为文旅融合的一个亮点。❶

具体而言,序厅全息投影虚拟数字人铜鼓精灵可以在空中360°悬浮,为观众提供讲解、导览等服务,引领观众开启趣味铜鼓之旅。第一展区"铜鼓之乡——沉浸式四折幕投影"展项运用沉浸式四折幕投影技术,让观众沉浸式地感受广西古代铜鼓文化的"最多"特点,如数量最多、历史文献最多、地名最多等,从而认识到广西是名副其实的铜鼓之乡;"漫游铜鼓之乡——裸眼VR虚拟漫游"展项,采用VR技术还原、重建古代八大类型铜鼓产生的自然、人文环境,让观众突破时空限制,感受广西各地独特的风土人情。第二展区"铸铜为鼓——多点触控智能交互魔方"展项运用三维动画和特效设计技术打造了一个古代铜鼓铸造工坊,充分展现铜鼓铸造的工艺流程,使观众能够沉浸式地体验古代铜鼓的铸造工艺。第三展区"铜鼓之用——体感音画互动游戏"展项运用了体感技术,游客可以通过拍打铜鼓道具与游戏画面进行实时交互,感受古代铜鼓使用功能的演变及其丰富的文化内涵。第四展区"壮美铜鼓——沉浸式数字投影空间"通过使用虚拟投影、3D渲染特效等技术,以美妙的声光电和全方位的互动投影技术将铜鼓元素的数字资源重新组合,让游客置身于绚美变化的铜鼓元素奇幻空间,沉浸式地感受铜鼓形制、平面及立体装饰艺术的壮美。尾厅"鼓今传承——铜鼓文化传承创意数字空间"配备了8台集5G网络和人工智能技术于一身的数字触摸屏,游客可使用触摸屏进行DIY创作和下单定制自己专属的铜鼓文创产品,或购买精美的铜鼓文创产品。

(二) 学术性融入数字化陈列

"作为知识和思想传播的载体,博物馆的陈列展览必须有学术支撑,要有较高的艺术水平或相当的技术含量,还要有较强的艺术感染力。"❷ 为确

---

❶ 黄春,李欣妍.广西壮族自治区博物馆新馆开放一周年推出四大新展[N].中国文物报,2023-12-15(8).

❷ 单霁翔.浅析博物馆陈列展览的学术性与趣味性[J].东南文化,2013(2):6-13.

保展览的高水准和专业化，满足展览的学术文化内涵和公众参与属性，我们有必要将学术性融入广西古代铜鼓文化数字化陈列中。

"博物馆陈列展览水平的高低，取决于科学研究质量的高低"[1]。要做好广西古代铜鼓文化数字化陈列的科学研究，首先要做好馆藏铜鼓文物的研究，以及相关文物藏品整体的深度研究，将文物藏品研究纳入整体文化背景中，提炼出鲜明的特点，发掘出深厚的文化内涵，从而实现将文物藏品资源转化为文物展品资源。铜鼓曾是广西博物馆学术研究的重要对象。20世纪六七十年代已有研究铜鼓的专题论文发表，如黄增庆《广西出土铜鼓初探》[2]、洪声《广西古代铜鼓研究》[3]。1980年全国首次古代铜鼓学术讨论会在南宁召开，根据与会学者的一致要求，成立了中国古代铜鼓研究会，秘书处设于当时馆藏铜鼓数量最多的广西博物馆。1980年至2008年间，中国古代铜鼓研究会组织了一系列学术会议，会后一一出版了会议论文集，铜鼓研究掀起了高潮，硕果累累。学者广泛地探讨了铜鼓的起源、分类、分布、年代、族属、功用、造型艺术、音乐性能、铸造工艺、合金成分、金属材料和矿料来源等内容[4]。广西博物馆学者还主持和参加了由中国古代铜鼓研究会主编的《中国古代铜鼓》一书的写作，该书综合过去三十多年来铜鼓研究的成果，系统论述了铜鼓的起源、类型、分布、年代等问题，是铜鼓研究的一部划时代之作。此外，广西博物馆还涌现出一批以蒋廷瑜、张世铨、黄增庆、庄礼伦、邱钟仑、吴崇基、罗坤馨、黄启善、吴伟峰等先生为代表的铜鼓研究专家。基于铜鼓研究深厚的学术底蕴，策展团队在做好广西古代铜鼓文物的梳理、论证和阐释工作的同时，还对广西古代历史、青铜文化及土著民族等历史背景知识进行了广泛研究，尽可能采纳最

---

[1] 单霁翔.浅析博物馆陈列展览的学术性与趣味性[J].东南文化,2013(2):6-13.
[2] 黄增庆.广西出土铜鼓初探[J].考古,1964(11):578-588,541.
[3] 洪声.广西古代铜鼓研究[J].考古学报,1974(1):45-90,188-191.
[4] 蒋廷瑜.铜鼓研究四十年[J].社会科学探索,1989(5):63-66.

新的考古成果，做好相关史实的考证，再形成一份内容翔实、操作性强的数字化展示脚本，借助数字化技术手段打造出非虚构的数字场景，再现古代先民铸造和使用铜鼓的生活情境。

其次，重视广西古代铜鼓文化数字化陈列内容设计文本的编写，成立专门的策展团队，人数多达10人，并邀请中国古代铜鼓研究会专家作为展览学术顾问，最后形成2份兼具科学性、系统性、创新性的内容文本。其中一份是字数约10万字的线下数字体验馆内容设计方案，一份是字数约50万字的线上知识图谱平台内容设计方案。

为了提升观众的认知度和情感度，策展团队积极地做好从学术表达到展览语言的阐释转化，注重展览的科普性。一是要确保展览内容通俗易懂。以第一展区"铜鼓之乡——沉浸式四折幕投影"展项为例，策展团队在充分掌握和释读内容枯燥的田野考古发掘报告后，将广西古代铜鼓的特点归纳提炼成四个"最"，即最大、最多、最全、最广，既形象生动又通俗易懂，真正做到了从学术表达到展览语言的阐释转化，达到了给观众传播知识和加深感受的目的。二是在展厅内配备通俗易懂的文字说明，用来清晰明确地传达展览的主题、内容、历史背景、文化内涵等，拉近展览展品与观众之间的距离，帮助观众准确、快速、便捷地获取展览的文化信息。

（三）最大限度地丰富、拓展展览内容

线上铜鼓文化知识图谱平台尽可能地吸收了国内外铜鼓研究的成果、展览资讯、文创展示等内容，将受限于展厅面积而无法展出的大量文物藏品的相关信息以专题数据库的形式存储，极大地拓展了与铜鼓文物及展览相关的社会、人文信息，在弥补文物藏品不足的缺憾同时，不受时空限制、无止境地延伸和扩充展览内容。

线上铜鼓文化知识图谱平台主要借助人工智能、知识图谱等新技术，从权威、科学的专业文献资料中自动提取数据，结合人工分级审核机制，快速、高效地构建起高可靠、易扩展、可追溯的铜鼓主题知识库。基于与铜鼓相关档案、研究文献及海量互联网数字资源，构建不少于1 300条专题知识实例及15 000条实例间三元组关系，包括相关文物、纹饰、风俗习惯、典故轶事等，为知识服务提供支撑。然后以专题知识库为基础，不拘泥于广西铜鼓，广泛搜集、展示国内外铜鼓文物、文化相关知识，力图打造跨馆界、跨地域的铜鼓知识内容协同创新平台。❶ 同时借助数据可视化手段，提供兼具科学性、趣味性、互动性的展示，为线下展陈提供有益补充。如在线下数字体验馆第一展区的"AR互动藏宝阁"区域，观众能直观地了解到八大类型铜鼓的形制和花纹、流传时间、演变关系及相关知识点，还可以使用手机扫描AR小程序的二维码，在铜鼓精灵的指引下畅游藏宝阁，参与游戏赢取铜鼓碎片来获取文创产品，也可进入线上铜鼓文化知识图谱平台，获得丰富的铜鼓知识和体验。

四、结语

广西古代铜鼓文化数字化陈列是广西博物馆基于多个数字展项和线上数字展示的实践后成功打造出来的第一个线上线下相结合的数字展览。它也是一次对传统展览方式颠覆性的创新尝试，丰富了博物馆展览方式，创新了传播载体，强化了博物馆的社会教育功能，推动铸牢中华民族共同体意识深入人心。在内容上，它通过全方位、多角度的展示，不仅实现了对铜鼓文化的整体呈现，还打破了时间和空间的限制，淋漓尽致地展现了广西古代铜鼓文化的特点。外在呈现上，展览综合应用多种前沿数字化技术，采用多元化的感官体验方式，观众不仅能够通过视觉、听觉感受铜鼓的魅力，还能通过触觉等前所未有的体验方式，更加深入地领略铜鼓文化的精髓。

囿于时间、经验和能力，广西古代铜鼓文化数字化陈列无法做到面面

---

❶ 黄春,李欣妍.广西壮族自治区博物馆新馆开放一周年推出四大新展[N].中国文物报,2023-12-15(8).

俱到、尽善尽美。比如在策展过程中，策展团队始终被高保真数据采集、高逼真虚拟复现、高效率网络传输、信息传递不够深入、技术运用不充分、技术与内容融合不足等难题困扰。而在后续展示传播过程中，很难确保后续运营和维护所需要的资金、人才与技术的支持，进而无法持续充实线上专题知识库或数字文物展品库的内容，兼容相关单位或机构开发的数据库资源，以及实时更新最新研究成果等。为了提升将来文物数字化陈列的质量和效果，广西博物馆将继续加强创新，深入挖掘文物文化内涵，拓展展览展示内容，充分利用先进技术并注重内容与技术的匹配性，以及做好后续运营和维护所需要的资金、人才与技术的预算。

展望未来，尽管挑战重重，博物馆的文物数字化陈列策展仍大有可为，通过科技赋能，不仅为文物和文化遗产的创新发展插上数字之翼，还与传统实体展览策展相辅相成，共同让收藏在禁宫里的文物、陈列在广阔大地上的遗产、书写在古籍里的文字"活起来""动起来"。

基于红色精神表达的革命纪念馆策展分析

——以渡江战役纪念馆为例

渡江战役纪念馆　王高　馆员

作为实现传播红色文化、传承红色基因的重要载体，革命纪念馆如何通过展览更好地实现肩负的重要使命，值得深刻探究。本文以渡江战役纪念馆为切入点，从策展的角度进行探讨，并提出一些可以推而广之、切实可行的建议，希望以此能更好地促进革命类纪念馆的红色教育工作。

一、把握策展定位

对于策展而言，首先应该明确的是定位，即展览展示什么内容，实现何种展示效果。❶ 前期的任务，就是内容设计者通过对展览内容的解读，厘清历史脉络，了解展览内涵。❷ 设计者必须要了解该纪念馆所反映的红色历程，蕴含的红色精神，进而思考采取何种方式，表达出红色文化的感染力和渲染性。同样，在渡江战役纪念馆策展设计之初，在厘清基本史实后，纪念馆组织了多次的专家论证会，对渡江战役中蕴含的红色精神有了清晰的认知。

---

❶ 程京京.协调融合 古祠重辉——名人祠堂古建中的展览工作浅探[J].东南文化,2017(S1).

❷ 王倩.展览空间主题性与艺术性的营造—以中国国家博物馆"秦汉文明"展形式设计为例[J].博物馆研究,2019(7).

渡江战役自 1949 年 4 月 20 日至 6 月 2 日,历时 43 天,歼敌 43 万人,中国人民解放军百万雄师一举突破国民党海陆空的立体防御体系,解放了南京、上海和苏皖浙赣等地区,彻底粉碎了国民党政府"划江而治"的幻想,宣告了国民党蒋介石政府在大陆 22 年统治的覆灭,加快了全国解放的进程。渡江战役以特有的雄伟气魄和丰功伟绩在中国革命史上谱写了光辉的篇章。

为了纪念这场重要战役,更好地宣扬渡江红色精神,缅怀在战役中牺牲的英烈,合肥建造了渡江战役纪念馆。在策展中必须事先把握的就是,渡江战役的红色精神主题是什么?在内容设计中要表达什么样的精神。

在党史部门、相关专家的帮助下,渡江战役纪念馆展陈表现"军民团结、一往无前;坚定信念、革命到底;勇于担当、无私无畏"的主题精神。

"军民团结、一往无前"的支撑点是渡江战役中涌现的无数支前英雄。百万大军过江作战,物资保障的重要性可想而知。据不完全统计,仅在山东、苏北、皖北动员的临时民工就达 320 万人,组建了几十个民工随军服务团,确保部队打到哪里,支前工作就做到哪里。

"坚定信念、革命到底"的支撑点是 1949 年毛泽东在"新年献词"中发出的伟大号召,将革命进行到底。中国人民解放军坚定对党和人民信念,征战南北,誓将革命进行到底。以第三野战军为例,前身的华东野战军在鏖战孟良崮、浴血豫东、决战淮海后,改编为中国人民解放军第三野战军。在党的指挥下,第三野战军不仅参加了渡江战役,于 1949 年 5 月解放了上海,而且于 7 月上旬,向福建进军,解放了福建省会福州市,后又解放了福建省全部及沿海大部分岛屿。第三野战军作为我党我军的一个缩影,始终发挥一往无前的战斗精神,南征北战,为解放全中国做出重要贡献。

"勇于担当、无私无畏"的支撑点是中国共产党自诞生之日起,就承担起民族救亡的重任,从未停歇。南京军区原司令员、时任第二野战军四十四师师长兼政委的向守志回忆起当时的场景:敌人的枪弹、炮弹掠空飞舞,构成拦截火网，第三连二排的战士冒着敌人的炮火，纷纷挺身为船工水手遮挡子弹，英勇前进！

在明确了所要表达的红色精神后，纪念馆工作人员需要做的就是提炼一个核心内容，再将根据相关材料，量化为具体的展陈方式，体现红色精神内涵。

二、把握核心理念和表达方式

在策展的设计中，纪念馆将上述精神表达提炼为"胜利"这一核心要素。这一要素体现在具体设计上。

观众进入博物馆，主要体会和领悟的就是纪念馆所呈现的历史故事与所表达的文化思想。❶ 为了让游客在参观之初就感受到渡江战役中胜利渡江、解放南京等胜利的氛围，在一层序厅设计用主雕塑形式，构造出渡江战役胜利渡江、解放南京的壮阔画面，高8米，部分地方高12米，宽50米的浮雕，作为目前国内最大的室内群雕组像，其本身就具有了强烈的震撼感，同时以毛泽东同志的《七律·人民解放军占领南京》作为浮雕的精神升华，再次将渡江胜利、南京解放的万丈豪情予以展现。

在"细节"的表现中，采用了以时间为节点的设计方式，用文字加场景展示的方式，诠释了渡江红色精神，进而揭示了"胜利"的深层次内涵。具体方式上，采取思考型的设计方法。这种设计方法，也是纪念馆反复探究的结果。展示设计同样要以促进每个观众思考为目标。❷ 如果还是一如既往地采取欣赏型、流线型的陈列方式，游客可以没有任何"负担"地观展，很难在内心深处引起共鸣和触动。

其一，何以能胜利渡过长江？

---

❶ 张静.博物馆陈列展览空间的设计探析[J].中国民族博览,2017(22).

❷ 江琳.博物馆展览设计的个性化目标探讨——兼谈如何给予观众思考的空间[J].中国博物馆,2015(1).

这一因素，纪念馆主要从中国共产党的正确领导、人民军队的英勇作战来考量。

何以能胜利渡过长江？离不开中国共产党正确的领导。在文字和图片的展示后，展览将时间回到1949年4月初，生动地呈现了渡江战役总前委在合肥瑶岗的会议场景，同时配以电报的嘀嘀声，让游客有代入感。这一场景的设置，从宏观来说，是展现中国共产党如何坚持革命到底的信心和理念，挫败国民党反动派企图划江而治的阴谋，在微观上也体现了渡江战役总前委灵活机动的策略，这也正与"坚定信念、革命到底"的渡江精神是相吻合的。

如何能胜利渡过长江？离不开英勇的解放军战士。沿着基本展线，构建了长16米，宽10米的半圆形场景，展现人民解放军在长江毗邻的巢湖练兵的场面，特别是结合当时初冬的天气情况，表现人民解放军不畏严寒、英勇顽强的精神风貌。同时辅以多媒体投影，展现敌我双方的火力配置和掩体情况，让游客在虚实景之间感受战斗的惨烈场景和革命的艰辛。

胜利渡江自然离不开船只，如何让游客感受到万帆竞渡的场面，在展厅中设计了特有的U形空间，来展示渡江战役时期的渡江船只，渡江的宏大场面与船只融为一体，为了进一步追求逼真的效果，设计时添加了仿真的水面，以求最大程度还原江、船、渡的场面。渡江的同时，自然是登陆了，所以在展线上同时构造了抢滩登陆的场景，以冲锋，红旗为主要内容，展现了进军的豪迈和胜利的喜悦之情。

其二，如何能胜利解放南京和上海？

"勇于担当、无私无畏""军民团结、一往无前"渡江精神的这两个方面恰好解释了如何能胜利解放南京和上海。

"勇于担当、无私无畏"的体现，纪念馆选用了上海战役的场景布置。上海战役是渡江战役的关键一仗，如何以小见大，体现了人民解放军的无私无畏、勇于担当的精神，在设计中选取了战斗较为惨烈的高桥战役。1949

年 5 月，在解放上海的进程中，国民党反动派为了保住海上的退路，把高桥作为浦东防线的核心，人民解放军以压倒一切敌人的英雄气概，克服地形、武器装备等多重不利因素，攻克了高桥，直扼吴淞口咽喉要塞，切断了上海守敌外逃的通路，歼灭了敌人的有生力量，为两天后上海全市的解放做出了杰出的贡献。为了还原当时的真实场景，体现战斗的艰难，纪念馆用仿真坦克、铁丝网来烘托氛围，同时辅以上海战役示意图和自动语音讲解器，游客在这样的环境中能更好地了解这场战役，感悟为了解放、为了革命，中国共产党人的无私、无畏精神。

渡江战役的胜利，同样离不开无私付出的人民，用怎样的形式来反映"军民团结、一往无前"的精神内涵，纪念馆选用了安徽的支前民工，年龄最小的船工马毛姐作为人物原型，设计了马毛姐帮助解放军划船渡江的艺术造型，让游客在"年龄小"+"船工"的多重造型中感悟人民群众不计生死地支持中国共产党、支持革命的高尚精神。同时纪念馆还以山东人民的无私支持为创作背景，做出了一组包含磨面粉、纳鞋底、推物资的人物塑像，从整体上展示了人民支持革命、跟党走的精神面貌。

当基本的史实向游客展示后，还有更重要的一部分内容，那就是怎样展示在渡江战役中牺牲的烈士，怎样展示他们的丰功伟绩！

在设计主体建筑时，纪念馆就设计了水下烈士名录厅，通过玻璃顶的方式，让游客可以透过头顶水面及映照在烈士姓名上的阳光这样的空间交错感感悟更多的红色历史精神。

在设计的最后，考虑到人的记忆特点，展陈中所呈现的是碎片化的知识，如果在参观结束后能有一个简要的再概括，就会加深游客的理解和精神感悟。基于这样的想法，展陈以一幅长 45 米、高 5 米的半景画作为结尾部分。它以写实的绘画技巧、生动的人物形象、逼真的地面塑形，与声、光、电效果巧妙结合，将观众带回渡江战役那个波澜壮阔的时刻。观众既能听到飞机在空中轰鸣，也能感受到炮火落在水中引起的震动。

综上所述，渡江战役纪念馆的策展以"胜利"为主线，以"军民团结、一往无前；坚定信念、革命到底；勇于担当、无私无畏"渡江精神为设计支撑，以场景布置、声光电为辅助，充分表达了渡江战役的主题。

三、几点认识

张誉腾在《博物馆大势观察》一书中曾提出博物馆展览提供给游客的经验包括："直官"（观）、"情感"和"认知"三种。❶ 只有让游客去思考，才能真正达到展陈的目的。

1. 明确主题

革命类纪念馆策展设计必须明确主题，把握纪念馆所蕴含的红色精神，只有这样才能在设计中更贴切、更加突出革命类纪念馆所独有的红色主题。当然，对于主题性表现要遵从"精而深"的设计原则，通过场景的布置、文物的展现，科技手段为补充，以点带面，渲染气氛，从而强化主题，进一步达到启发游客的红色感悟的目的。只有主题明确，才能更好地激发游客的感悟和思考，从而达到"内化于心"的目的。

2. 坚持以人为本的展览设计方法

在设计中，要始终坚持以人为本的原则，满足各个年龄段的观众在参观时的需求。❷ 在信息化发展的今天，博物馆、纪念馆不仅是参观、学习的地方，而且是休闲、社交的新场所。要充分考虑到游客关注点的变化，信息接收方式的变化，在设计中不但要融入新的科技成果，更要从细节入手。例如，对温度和风速方面要综合考虑，营造出空气流通条件良好和采光适中的参观环境；设计出简洁展线，有时一个展项的错误安排就可能改变观众的整个参观线路，从而对观众的整个参观体验过程产生消极作用。

---

❶ 张誉腾.博物馆大势观察[M].台北:五观艺术管理有限公司,2003:210.

❷ 李林.以观众体验为核心的博物馆展览设计——以华夏自然蜜蜂博物馆的观众体验设计为案例[J].东南文化,2012(6).

诗词在村史馆展陈设计中的应用

福建师范大学文学院　范颖轩　本科在读

瑞金市文联　曾小云　文学创作三级

习近平总书记在文化传承发展座谈会上强调,"中国文化源远流长,中华文明博大精深",要"传承发展中华优秀传统文化"。❶中华诗词学会会长周文彰认为:"中华诗词是中华优秀传统文化的精髓,既是要大力传承发展的重要内容,也承担着传承发展的重要责任。"❷传承发展中华诗词,要坚持与时俱进、守正创新。一方面要重视诗词的文本价值,创作出反映当代精神风貌和美学风格的精品力作;另一方面要重视诗词的社会价值,将诗词推广应用于当代社会生活和精神生活的各个方面。近年来,在传统文化复兴的背景下,诗词日渐"走红""出圈",被广泛应用于各种场景。作为基层诗词创作者和文艺工作者,笔者之一曾小云在坚持诗词创作的同时,探索将诗词应用到文艺活动、文明实践、文化场所、文旅景区、文博展陈等场景中,充分发挥诗词功能,传承创新诗词文化。在常驻江西省瑞金市瑞林镇元田村期间,作为脱贫攻坚工作队队长兼第一书记,曾小云参与了元田村史馆建设,负责展陈文案大纲的撰写。在展陈设计过程中,我们将

---

❶ 习近平在文化传承发展座谈会上强调担负起新的文化使命努力建设中华民族现代文明蔡奇主持[N].光明日报,2023-06-03(1).

❷ 周文彰.诗人词家要担负起新的文化使命——在中华诗词学会五届四次常务理事会议上的讲话[J].中华诗词,2023(7):58.

创意与诗意深度结合,充分应用诗词的元素和内涵,为诗词应用于村史馆展陈设计、为创意艺术的诗化呈现提供了典型个案。

一、元田村史馆展陈设计概况

元田村史馆建成于2019年,坐落于新屋家小组的赖氏怀所太祠,是瑞林镇首个村史馆。该馆以"幸福元田、诗意田园"为主题,除前言、后记外,主体共分客家之根、红色之魂、田园之美、童年之趣、人杰之光、振兴之梦等六个部分。"客家之根"介绍该村的历史沿革,共分村庄概况、客家民系、客家淳风等三个单元。重点展示该村的客家历史和发展变化。"红色之魂"介绍元田的革命历史。包括介绍参军参战的村民人数和革命先烈,展示谢凤山故居,讲述毛主席为元田籍苏区干部送皮衣等红色故事。"田园之美"展示"元田十景",每一景介绍具体地点和景点内容,配上诗文和照片。"童年之趣"展示童年趣事,共分游戏、乐事、野果等三个单元。"人杰之光"展示该村可以载入史册的人物,共分革命烈士、大学骄子、杰出乡贤、历届干部、现有党员等五个单元。"振兴之梦"展示脱贫攻坚丰硕成果,展望乡村振兴美好未来,共分旧貌新颜、特色产业、民生设施、宏伟蓝图等四个单元。"前言"介绍建设村史馆的背景和目的,"后记"介绍本馆的策划、设计、施工等情况,致谢提供帮助的热心人士。整个展陈力求展现元田的前世今生、美丽生态和淳朴民风。作为该村新时代文明实践站场所,祠堂还展示了孝道三字经、敬老爱亲诗词、客家擂茶等,附属于村史馆。

二、诗词在元田村史馆展陈设计中的应用

如何将诗词应用于元田村史馆展陈设计中?我们主要探索了三方面的实践:在主题提炼上,化用诗意以为立魂点睛之笔;在景观创造上,引用诗作以为创景造境之章;在文案撰写上,运用诗语以为生色添彩之文。

（一）立魂：将诗词应用于提炼诗意的主题，化用诗意以为立魂点睛之笔

主题是场馆展陈的灵魂，是设计创意的集中体现。展陈以什么为主题？我们想到习近平总书记在党的十九大报告中的金句："中国共产党人的初心和使命，就是为中国人民谋幸福，为中华民族谋复兴。"❶ 遂确定以"幸福"为第一个主题关键词，体现幸福是村民的期盼，也是干部的追求。又想到德国诗人荷尔德林的名句："人建功立业，但诗意地，人栖居在这片大地上。"❷ 又确定以"诗意"为第二个主题关键词。作为村史馆的设计者，曾小云常驻元田，切身体会到元田的浓郁诗意。最终确定"幸福元田、诗意田园"为元田村史馆主题。主题表述语八个字，幸福和诗意，既是现实状态，也是理想追求。该主题旨在展示元田美丽的自然风光和元田人幸福的生活图景，激发村民对田园生活的热爱，唤醒观众对农耕文化久违的乡愁。元田和田园，运用回文、谐音技法，颇具巧思。总体看来，主题高度凝练，充满诗意，容易记忆和流传，适合作为元田村的形象名片和旅游口号。

（二）造景：将诗词应用于创造诗化的景观，引用诗作以为造景创境之章

在村史馆展陈设计中，我们特别创意策划了"元田十景"景观，并将其在村史馆"田园之美"部分重点展示。该创意凸显了"诗意田园"主题，是展陈的最大亮点。所配诗文或源自古诗，或为第一书记曾小云原创，或为其他全覆盖干部所写。命名颇具诗意，分别为：小桥流水、月牙风湾、荷花映日、蛙鸣萤火、栀子攒玉、稻云镜天、木梓晴雪、引泉流玉、红蓼白芦、蔬果堆青。如"月牙风湾"配诗为本市作家亦为全覆盖干部朝颜散

---

❶ 习近平.决胜全面建成小康社会夺取新时代中国特色社会主义伟大胜利——在中国共产党第十九次全国代表大会上的报告[N].光明日报,2017-10-28(1).
❷ 荷尔德林.在迷人的蓝光里[M].荷尔德林诗选:第3卷.林克,译.成都:四川人民出版社,2017:264.

文《月牙湾》节选:"那一弯垂挂的蓝怎么会是水呢,分明就是一匹柔软的缎子,只需将她披在肩上,就是一款动感十足的披巾,风一吹,衣袂飘飘。而那点缀在缎子上的一群白鸭,恰好是自然天成的花朵。"❶"荷花映日"配诗为曾小云原创七律《莲农受灾》:"到处洪流屋似槎,最多折损是田家。十分八偃接天叶,雨后晴昂映日花。深夜应无哀宿雁,丰年犹得报鸣蛙。幸哉每护根株固,可趁惠风重发芽。""栀子攒玉"配诗为王建的名诗《雨过山村》:"雨里鸡鸣一两家,竹溪村路板桥斜。妇姑相唤浴蚕去,闲看中庭栀子花。"❷"引泉流玉"配诗为欧阳修《幽谷泉》节选:"踏石弄泉流,寻源入幽谷。泉傍野人家,四面深篁竹。溉稻满春畴,鸣渠遶茅屋。生长饮泉甘,荫泉栽美木。"❸ 选诗既反映山水田园风光,亦反映"三农"的生活、劳动和工作。如"蛙鸣萤火"所配查慎行《次实君溪边步月韵》诗中名句"萤火一星沿岸草,蛙声十里出山泉"❹,正是元田夏夜的实景。"荷花映日""稻云镜天""木梓晴雪"三景配诗为曾小云在元田村创作,实为生活、工作实录。"蔬果堆青"所配词汪东《玉楼春》中的"不教寸土轻抛弃,人力偏能穷地利"❺,体现勤劳、扶志的主题。十景还展示了脱贫攻坚和乡村振兴的工作成果。如"小桥流水"展示新建的两座小桥,"引泉流玉"聚焦兴修的万米水渠,"蔬果堆青"介绍引进的大棚甜瓜种植产业。这些诗文和名字,优美、典雅、动人,为"诗意田园"主题、"元田十景"创意作了生动形象的诠释和展示。

---

❶ 朝颜.月牙湾[N].浔阳晚报,2022-09-16(12).
❷ 王建.雨过山村[M]//俞平伯,等.唐诗鉴赏辞典.新1版.上海:上海辞书出版社,2013:839.
❸ 欧阳修.幽谷泉[M].欧阳修全集:第3卷.李逸安,点校.北京:中华书局,2001:44.
❹ 查慎行.次实君溪边步月韵[M].敬业堂诗集:第17卷.周劭,标点.上海:上海古籍出版社,2015:464.
❺ 汪东.玉楼春[EB/OL].[2024-06-25].https://sou-yun.cn/Query.aspx?type=poem1&id=361624.

(三) 美言：将诗词应用于撰写诗性的文案，运用诗语以为生色添彩之文

美丽乡村要借美丽语言描写，美丽乡村要用美丽文字展示。而美丽的语言，通常也是诗性的语言。作为陈述一个村落厚重历史文化、秀美山水田园的文字，村史馆展陈设计文案要接受观众仔细阅读和检视，不能不重视语言的精心锻造，极为考验设计者的语言文字功夫。为此，在元田村史馆展陈设计中，我们非常注重文案语言的打磨，希望达到简洁、典雅、优美的要求，让人观之悦目赏心，读之齿颊生香，进而产生马上去现场观看美景的冲动。如"田园之美"中的"元田十景"，除每个景观名字和相配诗词富有诗意之外，一小段就像散文诗的介绍性文字亦颇具诗意。如介绍"蛙鸣萤火"："初夏的傍晚，行走在元田的小道上。阵阵蛙声预报着丰收的年景，潺潺溪水弹奏着缠绵的夜曲。草丛里，萤火虫提着小小的灯笼，发出微弱的光芒，让我们秒回到童年"。介绍"稻云镜天"："碧绿的田野，丰收的田野，空旷的田野，让人想起故乡，想起童年，想起一家人收割庄稼的情景。乡愁就像是童年黄昏时的蚊子一样，永远在我的头上和心上盘旋，赶也赶不走"。介绍"木梓晴雪"："秋末冬初，是采摘油茶的时节，也是油茶着花的时节。同一时间同一棵油茶既开花又着果，这种奇观叫做抱子怀胎。油茶花，白得像云，像雪，又像玉。小时候用芦苇梗吸油茶花蜜，甜甜的味道至今回味"。诗、文、图互为补充，相得益彰，立体式呈现了"元田十景"之美，令人神往。此外，在"前言""后记"部分，引用习近平总书记关于乡愁和诗意栖居的金句名言，亦为展陈和文字增添几分诗意。

三、诗词应用于村史馆展陈设计的启示

基于元田村史馆展陈设计诗词应用实践，结合当前村史馆展陈设计存在问题，我们提出三点体会和思考。

（一）诗词应用于村史馆展陈设计，要注重诗意与创意的结合

展陈设计和文案写作是非常需要创意的工作。正如李坤所说："一个好的文化创意，往往能够推陈出新、点石成金，把沉睡的乡村历史文化资源唤醒，实现十倍、百倍的增值效应。因此，要重视、培养、保护文化创意，把文化创意观念运用到乡村历史文化场馆的建设利用中，成为乡村振兴的新动能。"❶ 中华民族具有悠久厚重的农耕文明，历代诗人写下大量的田园诗、山水诗，或流传于诗词选本，或散落于乡村族谱。诗性文明和诗词文本为村史馆建设提供了丰富的资源。设计者要充分挖掘、活化包括诗词在内的历史文化资源，将创意与诗意深度结合。综观本市村史馆展陈设计，发现普遍存在创意不足的问题，突出表现在未能充分挖掘各村的历史文化特色亮点。如泽覃乡安治畲族村史馆，重点展示该村少数民族文化和革命历史文化，未能展示历史上著名的"金鹊桥八景"和金鹊桥雅集的盛况，令人遗憾。我们"元田十景"创意设计灵感来源，可谓无心插柳。一次曾小云在该村里坊小组一座祠堂避雨，意外发现一册《瑞金瑞林蓼溪赖氏七修族谱》。据该族谱记载，宋祥符（一说绍定）年间，寿甫公从石城秋溪迁至瑞林蓼溪。寿甫公即赖氏开基始祖，蓼溪即瑞林赖氏肇基之地。其范围"上接宁之金精、翠微诸峰，下以本境莲峰、仰华为屏障"❷，核心地带在今瑞红村廖村小组，寿甫公祠即坐落于该小组，在瑞林中心卫生院上侧。廖村之名，或系由蓼溪、蓼村（族谱中有"蓼村"一词）讹变而来，与廖姓应无关，今该村廖姓仅有一二户。寿甫裔孙以古之蓼溪即今之廖村为中心开枝散叶，广布于瑞红、保卫、元田、龙卧等村。蓼溪之名，源于中洲，因长满蓼花，又名蓼花洲，今人称为中洲坝。据同治瑞金县志记载，中洲

---

❶ 李坤.对乡村历史文化场馆服务乡村文化振兴的思考[M]//国家方志馆.中国方志馆研究：第4辑.北京：方志出版社，2022：20.

❷ 瑞金瑞林蓼溪赖氏七修族谱[Z].1993.

位于"金洋溪水与宁都水会"❶之处，即今稳村河与梅江（发源于宁都，又称宁都江）交汇处，在大坪与瑞红两村交界处，正对面为保卫村。中洲自古为瑞林一方之胜景。近现代邑人陈文波所撰六修族谱序赞其"一洲绵亘，五星拱照，双水萦洄，一胜境也"❷。赖名楷《蓼溪祠首池塘记》亦云："洲临江浒，形如宝筏之浮游；村倚山屏，势衍长岗之绵亘。"❸ 让我们尤感欣喜的是，族谱上记载了"蓼溪八景"，并收录了多位邑人的题诗。八景名为：五星归垣、双水夹秀、狮背滩声、龟尾竹影、桥下溪光、洲中树色、衙静挥琴、庵高送声。这激发我们的创意灵感：今天建设美丽乡村，发展乡村旅游，亦可借鉴古人，打造出类似"蓼溪八景"的景观，"元田十景"遂应运而生。虽然蓼溪并不包括元田，但元田有蓼溪赖氏的支派。若蓼溪是源头、是本根，则元田是支流、枝叶。从赖氏族谱可知，元田曾称严田，今元田村所辖之猪斗排、赖公排等村名至今未变。"蓼溪八景"中的部分景物，元田亦有。作为创意设计者，对当地的历史文化资源，若只知之而不用之，实为失职。

（二）诗词应用于村史馆展陈设计，要注重诗歌与远方的融合

党的二十大报告提出："坚持以文塑旅、以旅彰文，推进文化和旅游深度融合发展。"❹ 这为村史馆设计建设提出新课题。在对村史馆功能认识上，一般停留在"存史、资政、育人"的水平，较少有人能从发展乡村文化旅游产业这一视角考察。综观本市村史馆展陈设计，我们发现不同程度存在设计理念陈旧问题，未能充分贯彻文旅融合和农旅融合的理念，未能充分考虑村史馆与旅游的密切关系。我们认为，在文农旅融合背景下，村史馆

---

❶ 江西瑞金市地方志办公室.舆地志[M]//瑞金县志点注:第1册.西安:三秦出版社,2016:73.

❷ 瑞金瑞林蓼溪赖氏七修族谱[Z].1993.

❸ 瑞金瑞林蓼溪赖氏七修族谱[Z].1993.

❹ 习近平.高举中国特色社会主义伟大旗帜为全面建设社会主义现代化国家而团结奋斗——在中国共产党第二十次全国代表大会上的报告[N].光明日报,2022-10-25(4).

的功能定位应强调三方面：第一，村史馆应是村庄的地标性建筑，是游客的必经地和打卡地；第二，村史馆应是乡村旅游的引流型产品，其展陈文案和解说词应是精彩纷呈、引人入胜的导游词；第三，村史馆应是一个乡镇乡村旅游发展规划馆，从中可窥见现在和未来打造的旅游景观。在以上理念指引下，我们在展陈设计中运用前置思维，先行提出"元田十景"概念，旨在为元田秀美的田园风光代言，吸引游客探寻元田风景，推荐元田乡村旅游产品，同时为元田乃至整个瑞林的美丽乡村建设和乡村旅游发展规划提供思路和借鉴。据元田村农家书屋管理员赖邦燧介绍，21世纪初有人考虑开发瑞林的旅游资源。来自上海的元田知青杨敬伟与其朋友肖刚有意在瑞林打造旅游景点，在其带领下特地到中洲实地踏勘，惜无下文。我们希望借助"元田十景"这一最小可行性产品，激发当地开发利用旅游资源的热情，激活"蓼溪八景"、中洲胜景等山水名胜，使其在今天重焕光彩。我们坚信，"诗与远方"携手并进的美好画面必将在元田成为现实：春天，游客来看"小桥流水"，体会观赏"风吹水面如纹动，月照波心似镜悬"❶ 的美景；夏天，游客来看"荷花映日""蛙鸣萤火"，白天徜徉在荷田，陶醉于"接天莲叶无穷碧，映日荷花别样红"❷ 的美景，晚上散步河边、入住民宿，感受"萤火一星沿岸草，蛙声十里出山泉"❸、"身在乱蛙声里睡，心从化蝶梦中归"❹ 的夜境；秋天，游客来看"稻云镜天""红蓼白芦"，下稻田收割稻谷，体验劳动之美、丰收之乐，到元田河边观察"十分

---

❶ 瑞金瑞林蓼溪赖氏七修族谱[Z].1993.

❷ 杨万里.晓出净慈送林子方二首·其二[M]//缪钺,等.宋诗鉴赏辞典.新1版.上海：上海辞书出版社,2015:1168.

❸ 查慎行.次实君溪边步月韵[M].敬业堂诗集:第十七卷.周劭,标点.上海：上海古籍出版社,2015:464.

❹ 戴复古.夜宿田家[M].戴复古集:第6卷.吴茂云,郑伟荣,校点.杭州：浙江大学出版社,2012:176.

秋色无人管，半属芦花半蓼花"❶中的蓼花、芦花如何平分秋色；冬天，游客来看"木梓晴雪"，到山上一边采摘颗颗饱满的油茶子，一边欣赏洁白如雪的油茶花。游客可以带着小孩，体验四季的采摘之乐，品味舌尖上的美味：春有竹笋、木莓，夏有莲子、甜瓜，秋有拐枣、山柿，冬有糖盆子、拿藤包。游客还可带着恋人或爱人，观赏"月牙风湾"，对着一湾秋水，在风清月朗、荷香蛙鸣中，伴着《月半弯》或《呢喃》的歌曲声依偎陶醉。

（三）诗词应用于村史馆展陈设计，要注重诗心与乡愁的契合

乡愁，对个人和家庭来说是一种精神归属，对国家和民族来说是一种文化认同。自古以来，乡愁就是中华诗词吟咏不绝的主题。在村史馆展陈设计中，如何"留住乡愁"？综观一些村史馆，只是枯燥无味的文字介绍和图片展示，缺少打动人心、激发诗心的诗性元素和内容。为了增强乡愁的浓度，我们非常注重诗心与乡愁之间的契合。主要表现在以下四个方面。第一，引用乡愁金句。第二，传承历史文脉。挖掘当地历史文化资源，把散落在族谱里的诗词活化运用，将"蓼溪八景"创意而成"元田十景"，恢复创新历史上既有并犹存的景观。其中"小桥流水"配诗《蓼溪八景·桥下溪光》云："翠接桥头隔岸烟，溪光潋滟望无边。风吹水面如纹动，月照波心似镜悬。四顾山光同一色，数行人影欲相连。随流触动诗家兴，玩赏前川志浩然。"❷该诗为近现代邑人陈文波所写，诗中所写风景至今在元田乃至瑞林随处可见，并无多大改变。第三，配题乡愁诗歌。如"稻云镜天"配诗为曾小云原创七律《秋望》："秋光占尽是郊原，一望稻云连镜天。稚子弓腰随父刈，老牛空背放鸦眠。白头易染成青草，赤脚难回到少年。乡思总如蚊蚋聪，黄昏头上拂犹旋。"尾联将乡愁喻为童年黄昏时环绕身边、拂之不去的蚊子，形象生动地写出在外游子的深切乡愁。第四，重拾童年

---

❶ 黄庚.江村[M]//朱梓,冷昌言.宋元明诗三百首.徐元,校注.杭州:浙江人民出版社,1983:302.

❷ 瑞金瑞林蓼溪赖氏七修族谱[Z].1993.

记忆。如"童年之趣"部分，主要展示童年时的游戏、乐事、野果，旨在让观众回到童年，追忆乡愁，体味童心的单纯质朴，品尝草木的馨香和花果的味道。游戏有打四角板、跳房子、下棋、折纸飞机等，乐事有钓鱼虾、照青蛙、挖竹笋、摘枇杷、打柿子、摘野蔷薇、采满山红等，野果有茶耳、拐枣、拿藤包、地稔（乌果子）、金樱子（糖盎子）、野木瓜（牛卵坨）等。这些乡愁元素和内容展示，能够激起包括本村游子和外地游客在内观众的情感共鸣，激发人们对家乡、农村、田园的热爱，从而真正实现"留住乡愁"的目的。

  由于经验不够丰富，且受限于工期和空间，元田村史馆展陈设计还存在不足和遗憾，尤其在诗词应用方面还有须完善之处。如主要姓氏家规家训未能详细展示，部分姓氏的迁徙定居历史调查得不够清楚，展陈物品不够丰富导致"乡愁味"不够浓厚。这些都需要在今后的村史馆展陈设计和诗词应用实践中加以改进。